教えられる大人になる

Scratch

で学ぶ
ビジュアルプログラミング

黒川 利明 [著]

朝倉書店

まえがき

子どもにプログラミングを教えるということが，ある種のブームになっています。2020 年度から小学校でプログラミングの授業が始まるということが主たる理由でしょう。それだけでなく，AI ブームに象徴されるように，これからの仕事にはコンピュータを使いこなすこと，コンピュータのプログラミングができることが必要になるようだということが背景にあるようです。

プログラミングは，コンピュータ向けの作文だと思えば，作文教室と同じように，お手本を与えて，その通りに書き写すとか，自由に書いて試すというような指導もできます。しかし，文部科学省の「小学校プログラミング教育の手引き（第二版)」にもある通り，背景や目的を理解していた方が指導しやすいし，子どもたちの質問にも答えやすくなります。本書では，そういう背景や目的も説明しながら，プログラミングを教えるために必要なことを紹介します。

子どもにとってはプログラミングの基本をしっかり身につけることが後で役に立ちます。そして，どんな習い事でもそうだと思いますが，「楽しかった」と「役に立つ」とは最終的には両立しなければなりません。とはいえ，最初のうちは，「面倒で大変だがしっかり勉強したので後で役に立つ」か，「簡単に楽しく参加したけど，結局何を学んだのかよくわからないままになっている」かどちらかになってしまうことも多いものです。

子どもがプログラミングを楽しみながら，基本的なことをきっちり学ぶには，教える側でそれなりの準備が必要になります。「子どもにプログラミングを教えよう」としている人は，父兄の方を含めて，この点に関して情報不足で，いろいろと苦労されているのではないでしょうか。

本書は著者のささやかな経験を踏まえて，プログラミングを教えようとしている人に役立つような項目を，プログラミング事例も使いながら，まとめてみました。もともとの構想は，Scratch に限らず，ブロックの工作のように簡単にプログラミングができるビジュアルプログラミング全般についてまとめることでした。しかし，読んでいただければわかるように，具体的なはっきりした事柄でないとよく伝わらないので，本書のプログラミングの内容の詳細は，Scratch（本書執筆時点の版は Scratch3.11.1）を中心にしてまとめてあります。

また，ビジュアルプログラミングと普通のプログラミングの違い，プログラミングを学ぶことがどのようなことなのかということもまとめておきました。実社会でプログラミングするための準備としても役立つかと思います。

さらに，プログラミングに関係することを一口メモとしてまとめておきました。このような知識は，断片的であっても教えるときに役立つことがありますし，骨休みにもなるかと思います。

ビジュアルプログラミングは，下のようなブロックを使ってプログラムを書きます。

普通のプログラムは，英語のキーワードを使って次のように書きます。

```
while true do {
    walk 10;
    change costume;
}
```

ビジュアルプログラミングでは，プログラムをすぐ実行するので，ゲーム感覚でプログラムを作って使うことができます。主に，子どもたちの教育用に考案されましたが，大人でも使えるようになっています。日本では，Scratch, Viscuit, ScratchJr がよく使われています。

　　　プログラミングは，具体的に結果がでるという点で，図画工作や料理に似ています。工夫すればしただけの結果が返ってきます。その点では，習い甲斐があり，教え甲斐のある分野です。本書がプログラミングを教えることに携わるすべての人に役立つことを願います。

2020 年 8 月　著者記す

謝　　辞

　　　Scratch を実際に子どもたちに教える機会を与えてくださった町田市立高ヶ坂小学校における町田市放課後子ども教室事業の関係者に感謝します。また，町田市立高ヶ坂小学校教諭 鈴木翔太教諭，こがとも事務局長 立石裕美子氏のお二人には，原稿を見ていただいて貴重なコメントをいただきました。
　　　いつものことですが本書の編集にあたっては，朝倉書店編集部の強力なサポートがありました。本書が読みやすくなったのは，こうした方々のおかげです。

目　　次

chapter

1

そもそもの話

　コンピュータというもののアイデアや構想は，100年以上前からありましたが，実際に役に立つコンピュータができたのは，70年ほど前のことです。プログラミングは，そのコンピュータを動かすためのソフトウェアを作ることですから，まだまだ新しい分野です。

　本章では，そもそも，なぜ子どもにプログラミングを教えるかを検討します。子どもにプログラミングを教えるうえでは，「なぜ」「何を」ということが，教えるうえで生じるさまざまな問題に対処する指針になり，子どもたちの動機づけにも役立ちます。プログラミングの面白さと子どもたちの将来の職業としてのプログラミングという話もここに含めてあります。すべての職業がこれからどうなるかわからない流動的な状況で，プログラマという職業も当然変わってくるはずです。しかし，プログラミングの基本と同様に，プログラマという職業の基本は変わらないと信じています。lesson 3 で議論する「プログラミング的思考」という言葉は気になるところです。ほかにも「プログラミング的思考」をどのように教えればよいか悩んでいる人がいるかもしれないと思って付け加えました。

　とりあえず，理由などどうでもいいから，プログラミングを教えないといけないので，手っ取り早くノウハウや手順だけ知りたいという場合には，この章はとばして後でゆっくり読んでもかまいません。

なぜプログラミングを学ぶのか

「なぜプログラミングを勉強するの？」という子どもの質問に答えるのに，「小学校でも 2020 年から必修になるから」というのは，あまりよい答えとは思えません。自分なりに納得した理由があって当然でしょう。

私の考えでは，プログラミングを学ぶのは，算数や国語と同じように「生きる力をつけるため」です。子どもたちが大人になるこれから先の社会では，コンピュータの果たす役割，すなわち，プログラムを使う場面が格段に増えていきます。プログラムを読んだり書いたりする機会も現在より増えるだろうと予想されています。それだけでなく，エンジニアが機械の動作について数式を扱い，化学者が化学成分の分子式を扱うように，さまざまな場面で使われているシステムのしかけを知るためにプログラムを扱うことがあらゆる場面で普通になってきています。

科学者は常に数式を扱っているのではありません。ものづくりの会社の誰もが工場で生産にいそしんでいるわけでもありません。それと同じように，システムに関係するだれもがプログラムを読み書きするとは限りません。しかし，プログラムがどんなものかという基本的な理解と，プログラムを扱うための基本的な知識やスキルは，誰もが身につけておく必要があります。

その基本的な知識やスキルとはどんなものかというと，たとえば，次のような Scratch のプログラムを理解して，説明できることです。これがプログラムなのですが，その説明は，この後でしますから，今はわからなくても問題ありません。（でも，だいたい何をしているか見当はつくのではないでしょうか。）

これは lesson 25 でとりあげる簡単なゲームの一部です。

子どもたちにとって「なぜプログラミングを学ぶのか」という問いに対するひとつの答えは，自分でもゲームを作ることができるから，いうなれば「コンピュータプログラム工作」ができるから，ということです。紙とハサミと糊で工作するのと同じように，コンピュータという素材を材料としても工具としても使い，できたプログラムをコンピュータで遊びます。

しかし，ゲームでなくても，絵を描く，計算する，あるいは調べるというような作業もコンピュータですることができます。そうした作業をするためにはプログラムを書けばよいのです。そして実はこれこそが現代社会のさまざまな場面でコンピュータが活用されている理由です。違うのは，子どもの場合は面白いとか興味があるとかで済むのに対して，社会の場合は，お金がかからなくて済むとか便利になるとか別の理由が入ってくるというところです。

　下図に示すように，この「作って実際に使える」という点は，家庭科の裁縫や料理とも同じです。「コンピュータプログラミング」というと特別なもののように思う人もいます。しかし，衣服や調理道具と同じように，いまでは人々の普通の生活に（目立たないかたちで）入ってきていることを考えると，プログラミングを学ぶ/教えるということもまた，ごく普通のことだと考えられます。

一口
メモ　**AI がプログラミングして，プログラマが失業するとき**

　AI（人工知能）の開発が進むと，人間が行っている知的な頭脳労働のかなりの部分を AIが担うようになるのではないかと危惧されています。その中には，プログラミングという作業も当然含まれます。

　興味深いのは，コンピュータサイエンス →lesson 11 の研究で，1960 年代から「自動プログラミング」というテーマの研究開発が進められてきたことです。C，C++，C#といったプログラミング言語で行われるコンパイラという処理が，初期の自動プログラミング研究の成果でした。

　プログラムが今のように，人間にとっても理解しやすくなったのは，そのような自動プログラミングの研究開発の成果です。しかし，その後のソフトウェアエンジニアリング（一口メモ参照）の研究から，これ以上の自動プログラミングは 1960 年ごろ考えられていたよりも難しいことがわかりました。

　プログラミング作業の一部を AI が手伝うことは，あり得る話というよりも現在研究開発が進んでいる話です。今のプログラマは要らなくなるかもしれません。しかし，そのための AI 開発に必要なプログラムもきっと増えるので，世界全体のプログラマの人数はそんなに変わらないかもしれません。しかし，プログラミング作業の内容は，確実に変わることになるでしょう。

lesson 2 プログラム，コンピュータ，プログラミングとは

先ほど，「プログラム」「コンピュータ」「プログラミング」という言葉を使いました。本書を手に取っている読者のみなさんは大体ご存知かと思いますが，念のために説明しておきます。

2.1 プログラム

先ほどは，次のような Scratch のプログラムを示しました。

なんとなく，ネコが何かするのだなということがわかると思います。次の1行のプログラムはどうでしょうか。

```
sum([1, 2, 3])
```

これは，sum という英語が日本語の「和を計算する」ことだとわかっていれば，$1 + 2 + 3 = 6$ の計算だなと見当がつくでしょう。こちらは，最近，AI などによく使われる Python というプログラミング言語でのプログラムです。普通のプログラミング言語では，このように文字だけを使ってプログラムを書きます。見かけはずいぶん違いますが，Scratch も Python も，コンピュータがプログラムを実行するという点では同じです。

今日のマイクロプロセッサ（Corei7 6700K）

2.2 コンピュータ

コンピュータは，左の写真のようなプログラムを実行するマイクロプロセッサでできています。

　電気配線を経験していれば，回路という用語には馴染みがあると思います。電気に限らず，空気や化学物質でも回路という経路を作って，そこで何らかの仕事をさせることが可能です。コンピュータの場合は，半導体のチップの上に回路を印刷して使うことができます。このような回路は電子回路と呼ばれ，その回路の構成を示すものが論理回路と呼ばれます。論理回路は電子回路の働きを表しており，図ではなく論理式で書き表すことも可能です。

　チップと呼ばれるこのマイクロプロセッサの中身は膨大な論理回路（一口メモ「回路」参照）です。論理回路の要素は単純ですし，コンピュータの動作モデル（一口メモ「チューリングマシン」参照）も単純なのですが，現在のマイクロプロセッサはとても複雑なものです。

2.3　プログラミング

　「プログラミング」はコンピュータのプログラムを作ることです。プログラムのことをコードともいうので，「コーディング」ともいいます。プログラミングとコーディングとは，ニュアンスが少し違っていて，コーディングはプログラムを書くだけ，プログラミングはコーディングのための材料や準備など，「アルゴリズム」→lesson7 的なところも含みます。逆にいうと「コーディング」はコンピュータが実行できるコードを実際に作るという具体的な作業，それに対して「プログラミング」はもう少し抽象的な考え方を含むというイメージがあります。

　プログラムをコンピュータが実行できるように書いて，それを実際にコンピュータに実行させることは，実は結構複雑な作業です。まず，コンピュータが何をどう操作するのかということをきちんと書かなければいけません。料理のレシピがプログラムの例としてよく使われます。実際に，今まで使ったことのない素材や，今まで使ったことのない調理道具のために，レシピを読んでもよくわからないと困ったことはないでしょうか。プログラミングの場合も，プログラムを書く人はコンピュータがわかるつもりで書いているのに，コンピュータにはわからない，あるいは，コンピュータが意味をとり違えてしまうということがあります。

　そのため，プログラムは読む人にわかりやすく誤解のないように書く必要があります。わかりやすくプログラムを作ることは「プログラマ」や，プログラムの管理をする人には，ごく普通の当然のことなのですが，一般には，ことに，初めてプログラムを学ぶ人にはなかなか配慮が及ばないことです。

　つまり，「プログラミング」というのは，コンピュータだけでなく，人間にとっても理解できるようにプログラムを作るということなのです。したがって，

プログラミングのスキルの中には，プログラムを「読み解く」能力も求められます。法律の専門家が，法律を作ることだけでなく，法律を読み解き，解釈することが求められるのとよく似ています。

　さらに，巨大プログラムの構築になると，巨大なビルやダムの建築や土木のような組織的な活動になるので，携わる人間の管理という非常にどろどろとした事柄がプログラミングの中に入ってきます。プログラミングが，実は人間と関わることの多い作業だということがわかります。

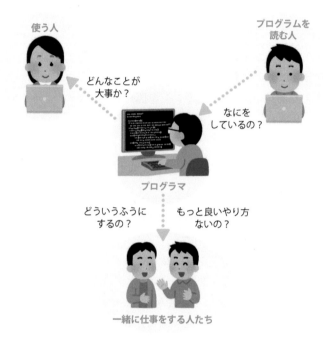

「プログラミング的思考」について

　ここで，ちょっと寄り道になるかもしれませんが，プログラミング教育に関して言われている「プログラミング的思考」という言葉についてコメントしておきます。文部科学省の「小学校プログラミング教育の手引き（第二版）」[1]にある言葉です。

　そこでは，「プログラミング的思考」とは「自分が意図する一連の活動を実現するために，どのような動きの組合せが必要であり，一つ一つの動きに対応した記号を，どのように組み合わせたらいいのか，記号の組合せをどのように改善していけば，より意図した活動に近づくのか，といったことを論理的に考えていく力」であると説明されています。

　関連して気になったのが，「プログラミング教育のねらい」の中で説明されている次のようなことです。

> 「プログラミングに取り組むことを通じて，児童がおのずとプログラミング言語を覚えたり，プログラミングの技能を習得したりするといったことは考えられますが，それ自体をねらいとしているのではないということを，まずは押さえておいてください。」

まず，「プログラミング的思考」の説明が，私にはよくわかりません。次のようなところで引っ掛かりました。

- ❶ 「動き」とは何を指すのか，「動きに対応した記号」とは何か。
- ❷ 「記号の組合せ」とは何か。
- ❸ 「論理的に考えていく」とはどういうことか。

　そして，ねらいで書かれていることは，「プログラミングを教えるのではなくて，プログラミングのもとになっている考え方を教える」というふうに理解できるのですが，そもそもそういう「プログラミングのもとになっている考え方」というものが存在するのか，存在したとして，それがプログラミングとは別に教えることができるものなのかという疑問です。

　本書のこの後の実践編では，Scratch のプログラミングを例題に沿って示します。最初の例では，ネコを動かします。「動き」というのは，そのようなネコ

この言葉自体は，「小学校段階における論理的思考力や創造性，問題解決能力等の育成とプログラミング教育に関する有識者会議，http://www.mext.go.jp/b_menu/shingi/chousa/shotou/122/index.htm の中の「小学校段階におけるプログラミング教育の在り方について（議論の取りまとめ）」という文書の中にあります。

---

[1]　平成 30 年 11 月，http://www.mext.go.jp/a_menu/shotou/zyouhou/detail/1403162.htm，本文のダウンロード先は http://www.mext.go.jp/component/a_menu/education/micro_detail/__icsFiles/afieldfile/2018/11/06/1403162_02_1.pdf

の動きのことでしょうか。それともそういうネコを動かす，コンピュータの動作のことでしょうか。「動きに対応した記号」というのはブロックのことでしょうか。「記号の組合せ」とは，ブロックを並べて当てはめていく，Scratch のプログラム作りのことでしょうか。

　このようなプログラム作りの実践では，「論理的に考えていく」というよりは，「手を動かして試行錯誤しながら正しい組合せを見つけていく」ことが多いのですが，それは「プログラミング的思考」とは違うものでしょうか。

　こういった疑問とともに，「ねらい」で書かれていることを額面通りに受け取ると，子どもが Scratch を覚えて，Scratch でプログラムを書けるようになっても，それだけでは，その子が「プログラミング教育」を受けたことにならないのかという疑問が生じます。他に何が必要なのかという疑問です。

　好意的に捉えれば，言わんとしていることは，「小学校では，プログラミングツールであるプログラミング言語を完璧に教える必要はありません。プログラミングができるように細かいところまで気にする必要もありません。プログラミングとは，こんなものだという感じがつかめさえすればよいのです。」と言っているようにも受け止められます。

　しかし，もしそうだとすれば，「こんなものだという感じをつかむ」ことを「プログラミング的思考」と呼ぶのは言いすぎでしょう。誤解しないでいただきたいのですが，私は，「感じをつかむ」ことが「非論理的」だと言っているわけではありません。「感じをつかむ」という行為は，高度に論理的な作業で，現在のAIでも実現が難しい，人間の高度に知的な作業です。

　「プログラミング的思考」という言葉は，これまでプログラミングの教育実践の中では使われてこなかった言葉です。少なくとも私の見聞きした範囲では，そのような言葉には出会いませんでした。

　プログラミングは，私の考えでは，工作や体育と同じように実践的なもので，背景にある考え方は，実際にいろいろなプログラムを作った後で身についていくものです。背景にある考え方ができてから，プログラムを書けるようになるのではなく，プログラムを書いているうちに，そのような考え方への感覚ができていきます。

　ただし，このような感覚には気をつけないといけないことがあります。コンピュータ技術は，これまでもそうでしたし，これからもすごい勢いで開発が進むものと考えられます。現時点でのプログラム，プログラミングは，現在の技術とその利用方式を前提にしているので，現在の子どもたちが大きくなって，社会で活躍していくころには，前提としている技術や社会が変化している可能性が大いにあります。

　たとえば，量子コンピュータ（一口メモ参照）が本格的に普及し使われるようになれば，プログラミングは大幅に変わるでしょう。従来の「考え方」を新たな技術や環境に応じて変えることができないといけません。そのような柔軟性を身につけることも実はプログラミングの技能のひとつになります。プログラミングについての，手引きに書かれている考え方と，私の考え方とを次の図

普通のコンピュータは，電子回路で 0 と 1 の論理回路で計算します。量子コンピュータは，量子力学の効果を使い，いうならば「量子回路」で計算します。量子的な複数の状態を確率的に処理できるために，従来の電子的な論理回路では手間のかかる計算を瞬時に実行することができます。回路の構成がまったく異なるので，計算の仕方も計算結果もこれまでの電子回路のコンピュータとはまったく異なります。

に対比して示します。プログラミングにもさまざまなアプローチがあるところが重要です。

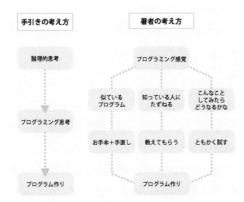

「プログラミング思考」という言葉は，プログラミング教育の重要性を財務省などほかの人々に印象づけるために作り出されたのではないかと疑っています。

プログラムを抽象化したもの，すなわち，プログラムで行う処理の一般的な記述は，「アルゴリズム」 ⇒lesson 7 という概念で表されます。アルゴリズムを考えだし，理解する力を「プログラミング的思考」と呼ぶというならわかりますが，それなら「アルゴリズム」と言えばよいだけで，新たな言葉を発明する必要はありません。アルゴリズムははっきりとした定義のある，学問的にも実用的にも有用な概念です。アルゴリズムは中学校で学ぶことになっていて小学校では教えられないことが問題なのかもしれません。プログラミングに関しては，小学校でもアルゴリズムの内容を教えるといえば，それはプログラミングをするためのしっかりした内容を伴ったものになります。

ともかく，本書ではこれ以上「プログラミング的思考」に立ち入りません。

有識者会議「議論の取りまとめ」では，プログラム作成は中学校になっていて，小学校では「コンピュータの活用」や「問題の解決には必要な手順があること」に気づくことになっています。

lesson 4 プログラミングの面白さ

　プログラミングは，子どもだけでなく大人にとっても面白いものです。その面白さはプログラムを作り，コンピュータで動かせばすぐわかることですが，少しまとめてみようと思います。

　私がプログラミングを学んだ頃は，「コンピュータを使う」ということ自体が特別なことでした。プログラムの内容は微分方程式を数値計算で解くものでしたが，計算結果が目に見えるということに感動した覚えがあります。

　ビジュアルプログラミングでは，スプライトというオブジェクト（たとえばネコ）に，目に見える動作をその場でさせることができます。動く，回転する，文字を出力する，音を出す，線を引くなどができることで，プログラムが何をするかがすぐわかります。Scratch では，のようなブロックをクリックするだけで結果が出ます。

スプライトの例：ネコ

　それに対して，普通のプログラミング言語では，「実行」をしないと結果が出ません。たとえば，先ほどの Python の 1 行のプログラム，

```
Sum([1, 2, 3])
```

では，上のプログラムを入力した後，Enter キーを押すことが実行になり，答えの 6 が出力されます。

Enter キー

　Scratch でも，次のプログラムは最初にプログラムを実行するイベントブロック（たとえば ［ ］が押されたとき）がないので，そのままでは動きません。（ただし，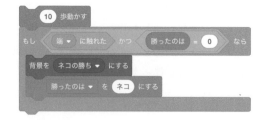 歩動かすをクリックすると動きます。）

　Scratch では，ブロックのクリックが「実行」になるのです。

　［ ］が押されたときというブロックがあるかないかで，こんなに違うということ，ブロックの左上の凸部 ［ ］が押されたときが，実は「プログラムの始まり」という意味をもっていたということがわかったでしょうか。他のブロックそれぞれにどんな意味があるかを次の図で説明しておきます。

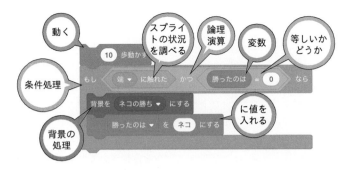

もうひとつプログラミングで興味深いのは，すでに作られたプログラムをさまざまに利用できるということです。これには，厳密にいうと「知的財産権」，「著作権」といった問題があるので，原則としては，他人のプログラムを許可なしに勝手に使うことはできませんし，この後の「lesson 10 セキュリティ」でも述べるように，よくわからないプログラムを実行するのは非常に危険なので注意が必要です。

それでも，特に「オープンソース」と呼ばれているプログラムは，これまでに人々が作ったプログラムを使うことによってプログラミングの世界を豊かにしてきました。ビジュアルプログラミングでも子どもたちがこれまでに作ったプログラムや，子どものプログラミングの練習用に作られたたくさんのプログラムを使うことができます。

しかも，そのプログラムに手を加えて，自分なりの工夫を加え，それをまた他の人たちが使えるように提供することもできます。ある意味では，これは学問の世界での進歩とよく似たものです。アインシュタインのような天才でも，それまでに作られたニュートン力学や微積分など他の天才たちの成果の上で仕事をしたのです。ニュートンがロバート・フックに宛てた手紙に書いた「もし私がさらに遠くを見ることができたとするならば，それは巨人たちの肩の上に乗ったからです。」という言葉はよく知られています。

中島秀人『ロバート・フック——ニュートンに消された男』(KADOKAWA, 2018)，p.258.

よいプログラムがどのように作られているのか読んで理解するのも楽しいものです。プログラミングの一番よい勉強方法は，よいプログラムをしっかり読み解くことだというのはよくいわれることです。ちょうど作家になるための訓練は，よい作品を読むことだというのと同じですね。

子どものためのプログラミングを教える場合に，いつもインターネット環境が備わっているとは限りません。しかし，普通のプログラミング作業環境では，インターネットが使えることがほぼ前提となっています。（プログラムを実行する環境でインターネットが必要かどうかは別問題です。「組み込みソフトウェア」（一口メモ参照）と呼ばれる，さまざまな機器のためのソフトウェアは，インターネット接続がない環境でも稼働することが多いです。）

インターネットが接続されている環境でのプログラミングでは，使用するプログラムの部品をインターネットを使って捜し出すことがプログラミング作業の一環になります。極端な場合には，ソリューションとかパッケージとか呼ばれるプログラムをインターネットからもってきて，それを使えるようにしただけでプログラミングが終わったことになることまであります。

組み込みソフトウェア

　最近の家電製品は，ほとんどがソフトウェア →lesson 8 で制御されています。自動車でも，ハンドルを操作すると車輪が回るのは，ソフトウェアによります。このように，機器の中に組み込まれて制御に使われるソフトウェアを組み込みソフトウェアと呼びます。かつては，組み込みソフトウェアにより実現する機能が少なくて，メモリなども小さかったものですから，機械語という CPU →lesson 6 が実行する命令を直接書いてプログラムしていました。現在では，機能が膨大になり，メモリも多く使えるようになっているので，普通のプログラミング言語を使って作られるようになっていますが，いろいろな制限があり，プログラミングにはそれなりの技術が必要とされます。

プログラムの始まりと終わり

　プログラムは，必ずどこからかで始まります。Scratch では，イベントブロックのどれかで始まります。次のように帽子形をしているのが目印です。

　少し特殊なのは，定義したブロックの場合です。定義ブロック →lesson 23.3 が始まりになります。Scratch では帽子形をしているので，同じようになると予想できます。

　プログラムの終わりはどうでしょうか。「制御」に下のような「止める」ブロックがあります。

下に出っ張りがなくて，この後には何も続けられないことがわかります。プログラムを終了するには，この「止める」ブロックを置けばよいのですが，通常は何も置かないで済ましてしまいます。
　形としてのプログラムは，Scratch の場合もそうですが，限りがあるので必ずどこかで終わります。プログラムの実行は，たとえば，　　　　　　　　　　　を行っているのなら，ずっと実行されるから終わらないことがあります。
興味深いのは，このブロックも下に出っ張り
がないことです。終わらないから，次に何も続けられないということです。
　一般に，プログラムの実行が必ずどこかで終わるかどうかを正しく判断することは，書いた人がどういうつもりであったかどうかに関係なく，不可能であることがわかっています。「一般に」というのが重要なところで，たいていは実行が終わるかどうかはわかるはずです。

プログラマという職業

chapter 1 の最後に，プログラミングを専門とする「プログラマ」という職業について述べます。子どもから，「プログラミングを学んでどうなるの？」と聞かれたときの答えのひとつになるからです。プログラミングというスキルがこれからの社会でどのように役立つかということにもつながります。

「lesson 1 なぜプログラミングを学ぶのか」でプログラムの読み書きの機会が増えると述べました。プログラミングを職業とするプログラマも増えています。プログラマであったが IT 企業の創業者として成功した人は，マイクロソフトの創業者ビル・ゲイツをはじめとしてグーグルのラリー・ペイジとセルゲイ・ブリン，フェイスブックのマーク・ザッカーバーグなど結構います。

しかし一般の印象では，プログラマが医師や弁護士ほどに高給を取っているとは思われないでしょう。おそらく，一般のエンジニアと同じくらいという印象が強いのではないでしょうか。ただし，企業の環境風土によるとは思いますが，プログラマのほうが働き方が自由な傾向があります。勤務場所を自由に選べて，自宅で働く場合もあります。

プログラムを作ることが本職のプログラマではないけれど，仕事のなかでプログラムを読み書きしないといけない人はこれから増えてきます。かつて，電話で話をするには交換手という専門のオペレータを必要とした時代がありました。電話をかける人が自分で相手の電話番号をまわす時代になって，オペレータがいなくなりました。仕事で使うプログラムも専門家にすべて任せるのではなく，一部を自分で手直しする時代が確実にやって来ています。

プログラマという職業に重要なものは何かという質問に，プログラムの読み書きを上げる人は意外と少ないものです。プログラムの読み書きはプログラマに必須だから今更いうまでもないというのがひとつの理由ですが，もうひとつの理由は，プログラマの読み書き能力をきちんと見極めることが難しいということがあります。どうしようもなくプログラミングが下手なプログラマを見分けるのは簡単です。しかし，ある程度のことがこなせるプログラマに関しては，その人の得意分野のことや，その人の健康状態など，さまざまな要素が関係します。したがって，プログラミングの能力は，特定の分野でツールや環境を決めてからでないと見極めが難しいのです。

一方で，プログラミングには，他の人とどのようにコミュニケーションをこなせるかといった能力が非常に影響します。人とのつきあいが苦手だからプログラマを選ぶという人がいますが，残念ながら，プログラマの仕事には人との関わりが必要です。

バグ（虫，bug）の由来

ソフトウェアの不都合を生じている箇所をバグと呼びます。もともと，この種の不都合を指してバグと呼ぶのは，1870年代の機械組み立ての時代からだそうで，トーマス・エジソン（Thomas Edison, 1847–1931）の1878年の手紙に言及されているそうです（https://en.wikipedia.org/wiki/Software_bug）。1946年には実際に，コンピュータに蛾が紛れ込んでエラーを生じたという話も有名です。

バグの修正のことを指すデバッグ（debug）についてもいろいろと議論があります（https://ja.wikipedia.org/wiki/デバッグ）。『Effective Debugging——ソフトウェアとシステムをデバッグする66項目』（オライリー・ジャパン，2017）によると，かつては，デバッグはプログラムについての概念・手法であったが，現在では，ハードウェアや実行環境を含めた全体に対して，その戦略から開発ツール・開発手法といった広範囲を扱う概念と技法になっていると述べられています。最初に必要なことは，バグと呼ばれる問題を特定することで，特定できた問題をさまざまな手法を駆使して解決していくことになります。

　プログラマにとって大変なのは，プログラムが思い通りに動かないとき，いわゆるデバッグ（一口メモ参照）のときです。原因が必ずしも自分の書いたプログラムだけではないかもしれないからです。もっと厳密にいうと，自分の書いたプログラムのどこが悪くてうまくいかないのかが，ほかの多くのプログラムとの関係をひとつひとつ調べていかないとわからない場合があるから大変なのです。自分の書いたプログラムそのものは，単独で動作するだけなら問題なくても，ほかのプログラムとの関係でうまくいかないということが起こります。

　そのような場合には，他のプログラムを作った人とうまくコミュニケーションが取れるかどうかが問題解決の決め手になることが多いのです。

chapter

2

基礎知識

　chapter 1 でも簡単に触れましたが，基本的な事項を本章で解説します。こういうことがらはすでに知っている読者は本章を飛ばしてくださっても大丈夫です。建前としては，まったく何も知らない人に説明する内容です。アルゴリズム，ソフトウェア，セキュリティ，データサイエンスと，おそらくあまり聞きなれないカタカナ言葉を説明します。これらの言葉は，ビジュアルプログラミングを教えるうえで絶対必要なものというわけではありません。

　しかし，本書で述べている内容を正確に理解するには必要です。さらに，より実用的なプログラミングを教えるときには役立つ内容です。最後の「ビジュアルプログラミングは実際のプログラミングと違うか」という項目は，子どもたちがこれから先もプログラミングを続ける場合，あるいは，プログラミング教育を子どもに受けさせたいという父兄の質問に答えることを想定しました。

　実技と知識は，車の両輪です。知識だけを詰め込んでも使えなければ無駄ですが，実技だけを重ねても知識が整理できないと，応用がききません。ただし，ここで述べた詳細は 10 年もすると変わってくるはずです。

lesson 6

コンピュータとは

　コンピュータは，プログラムに書かれているとおりに動きます。「コンピュータ，プログラムなければただの箱」というのはよく使われた言葉でネットで検索すると何種類も出てきます。（昔は，特別の巨大な部屋に収められていたことがありますが）今のコンピュータは，米粒よりも小さなマイクロプロセッサを含んだ半導体チップになっています。この小さなコンピュータは，時計や携帯電話だけでなく，テレビなどほぼあらゆる機器に使われています。マイクロプロセッサは，CPUとメモリと周辺回路からなります。

　CPUはCentral Processing Unit（中央処理装置）の略です。コンピュータの心臓ともいうべき実際の計算をするところです。計算は2進法（バイナリ）で行われます。これはデジタルコンピュータとも呼ばれます。

　ただし，CPUだけではコンピュータは動きません。動くために直流電源が必要です。入力や出力も必要です。マイクロプロセッサのチップでは，このようにコンピュータの実際の動作に必要なものを周辺回路と呼びます。もうひとつ重要なのがメモリです。現在のコンピュータは，メモリにあるプログラムを指令として読み取り，実行します。メモリはデータも格納するので，メモリがないと（同時にその内容が正しくないと）コンピュータは動作しません。

　コンピュータの動作は計算です。プログラミングの入門書は，計算問題から

 2進法（バイナリ）と16進法（ヘキサデシマル）

　コンピュータの中では，データを表すのにも，計算を行うのにも2進法を使います。バイナリ（binary）という呼び名も使われます。

　2進法はすべてを0と1で表します。電気信号のON/OFF，あるいは電圧の高い/低いといった，2つの現象のどちらかを使うことで表現できるからです。

　プログラミングでは，0から9までの数字の他にaからfまでの文字も使った16進法（hexadecimal）も使われます。10進法の数を2進法と16進法で表した例を示します。

　0と1だけでは，10進法の1000が10桁になります。16進法（hexadecimal）では3桁です。

10進法	2進法	16進法
1	0000000001	001
2	0000000010	002
3	0000000011	003
4	0000000100	004
5	0000000101	005
6	0000000110	006
7	0000000111	007
8	0000001000	008
9	0000001001	009
10	0000001010	00A
100	0001100100	164
1000	1111101000	3E8

チューリングマシンは，アラン・チューリング（Alan Turing, 1912–1954）が 1936 年の "On computable numbers,with the application to entscheidungs problem" という論文で発表した抽象的な計算モデルです。無限に長いテープと読み書きヘッド，有限個の動作規則でできています。今のコンピュータでいうと，テープがメモリ，読み書きヘッドと動作規則が CPU に当たります。チューリングのこの論文自体は，有名なクルト・ゲーデル（Kurt Gödel, 1906–1978）の 1931 年発表の「不完全性定理」と原理的には同じことを証明しています。ゲーデルの証明でもゲーデル数というものが使われましたが，「数の計算」が数学の証明と密接な関係をもつことが示されています。

始まることも多いのですが，文字出力から始まるものも結構あります。計算結果を知るためには，その結果がわからないといけません。コンピュータが役立つには，入力と出力が大事なことがわかります。

このようなコンピュータの利用者とのやり取りをユーザインタフェースと呼びます。

現在使われているコンピュータの基本的な動作原理はチューリングマシン（一口メモ参照）という数学的なモデルに従っており，そこから導かれる計算の限界に従います。つまり，どうしてもコンピュータで計算できないことがあることが証明されています。

アルゴリズムとは

　アルゴリズムとは，もともと 12 世紀に使われた計算手順を指す言葉です。今では，コンピュータで仕事をさせるときのやり方というもの全般を指します。言い換えると，プログラムで何をさせているかという基本的なことがらを抽象的に表現したものです。「抽象的」という言葉は，厳密には，コンピュータの動作原理を表したチューリングマシン（一口メモ参照）で実行させるならどうなるかで示されます。しかし，通常は，どのように処理すればよいかを言葉を使って説明できて理解できることで十分です。最近では，コンピュータによる処理全般をアルゴリズムと呼ぶこともあります。

　アルゴリズムは，きちんと定まった内容をもっていなければなりません。そのアルゴリズムがきちんと動く正しいものかどうかがわかることが必要です。それだけでなく，どれくらいのメモリを必要とし，どれくらいの速度で処理ができるかという計算量（一口メモ「計算量と計算複雑性」参照）がはっきりわかることも必要です。言い換えると，アルゴリズムが決まれば，どのようなプログラミング言語でプログラムを作っても，どのようなコンピュータで実行しても，そのプログラムがどれくらいのメモリを使い，どれくらいの時間で仕事を処理できるかがわかります。

　たとえとしては，建物をどのように作るかという説明書のようなものです。建物は，物理的な法則に従わないといけないだけでなく，入り口がなければ入れません。屋根もいります。アルゴリズムは，そうした基本的なことがらをプログラムについて説明します。例を示します。

というプログラムのアルゴリズムを言葉で表すことにします。基本的にはプログラムが何をしているかを説明するものです。次のようになります。
- スペースキーを押す
- ネコを動かす

●もしネコが 1 位なら「ネコの勝ち」を表示する

これは，フローチャート（流れ図）で次のように表されます。

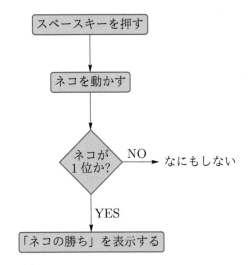

　おやおや，プログラムとほとんど変わりませんね。ビジュアルプログラミングは，このように簡単なものでは，アルゴリズムと違いがあまりないのです。

　プログラムの性能は，そのアルゴリズムの性能で決まります。これは基本的にはたくさんのデータを処理する場合の性能です。アルゴリズムの性能とは，データが増えるにしたがってその問題を処理する時間がどのように変化するかで決まります。少数のデータだけを処理する場合は，アルゴリズムをそう選ばなくても実行時間にたいして変わりがないということがあります。

ソフトウェア

　ソフトウェアとは，ハードウェアに対する言葉です。ハードウェア（hardware）を辞書で引くと，「金物類，金属製品」という意味が載っています。コンピュータが70年前にできたとき金属製品だったということもあってでしょうか，コンピュータ本体はハードウェアと呼ばれています。

　ソフトウェアとはコンピュータ本体ではなくて，プログラムを含めてコンピュータを動かすために必要なハードウェア以外のものを指します。コンピュータを動かすためのプログラムやデータ，あるいは，手順といったモノ全体を指す言葉です。これらのモノは直接触ることができないので，「目に見えない」といわれます。

　広い意味では，直接手で触ったり見て調べたりすることはできないが，重要なものをソフトウェアと呼ぶようになったので，音楽や映画を指したり，法律や制度を指すこともあります。映画は見えるじゃないか，という異論が出そうです。確かに，映画を収録したDVDは手で触れます。映画館は見て調べることができます。しかし，映画は見て楽しめますが，映画そのものを手で触ることはできません。映像データの一種です。

　産業分類でも，実際にコンピュータのハードウェアを売るのではなく，ソフトウェアを販売している会社があり，ソフトウェア産業と分類されます。

　ソフトウェアは，現在ではハードウェアと同様に（知的）財産として扱われます。つまり，売ったり買ったりする対象になるということです。

　歴史を振り返れば，プログラムが，人々にソフトウェアの存在とその価値を認識させるようになったといえます。

 知的財産としてのプログラム――著作権

　プログラムは，売買の対象にもなりますから，土地や家と同様に財産として評価されるのは当然だと思われるかもしれません。しかし，これは比較的最近のことです。

　かつては，プログラムも含めてソフトウェア全体が，ハードウェアの利用法にすぎないと見なされていました。工具の使い方が財産でないのと同様に，ソフトウェアも財産とは見なされていませんでした。コンピュータの利用の拡大とともにソフトウェアの重要性が認識されるようになり，今ではソフトウェアも財産だと見なされるようになっています。

　さらに，ソフトウェアは本や楽曲と同様に，著作権でも保護されています。

インターネット

インターネットは，ネットと略されることもあります。コンピュータが外の世界と通信するための経路，道路のようなものです。インターネットは世界中とつながっていますから，イメージとしては川や海に近いともいえます。データは船に積まれた荷物のようなもので，コンピュータの間で渡されるというわけです。

プログラムを作るのにインターネットは必須というわけではありませんが，普通はインターネットとの接続が前提になっています。Scratch も通常はインターネットに接続して，ブラウザから利用します。しかし，Scratch にはオフラインエディタというインターネットに接続していなくても利用できる環境があります。

インターネットは外界と接しているためセキュリティの問題があります。場合によると，政府機関や非常に重要な設備では，安全性確保のためにインターネット接続そのものを停止することがあります。小学校などでは，フィルタリングという手法でインターネットの安全な接続を確保しています。

インターネットの接続には一定の手順が必要です。普通は，プロバイダと呼ばれる接続業者が外への接続の処理をしており，時間単位あるいは通信量単位で課金しています。

インターネットの接続形態には，有線（LAN ケーブルを使ったイーサネット接続が普通です）または無線（普通は Wi-Fi と呼ばれる接続形態です。携帯電話のモバイル通信を経由する場合もあります）が使われます。

コンピュータ側にはアダプタと呼ばれるソフトウェアとハードウェアがあって，通信を実現（制御）しています。

ネットワークがコンピュータシステムの中心的な役割を果たすようになったのは比較的最近，1990 年代からです。さらにいえば，無線のネットワークが普通に使われるようになったのは，この 10 年くらいのことです。なぜ，こんなに最近になるまでネットワークが使えなかったかというと，ネットワークを処理するためのコンピュータが最近になるまでは能力不足だったからです。同時に，特に無線のネットワークのための設備と環境が十分ではありませんでした。

コンピュータを使いこなすネットワークがコンピュータを使っているのは面白いですね。最近では，コンピュータの構成方式，アーキテクチャにネットワークの構築方法を使う動きもあります。ネットワークとコンピュータは今では，お互いに依存し，影響しあっています。

セキュリティ

　セキュリティという言葉は一般には「安全（を実現すること）」を指します。コンピュータのような道具は，ハサミと同じで，使いようによっては危険を伴うということは，当然の常識ということになります。コンピュータセキュリティを問題にするときには，コンピュータに悪いことをする，あるいは，コンピュータに悪いことをさせるという危険性を指します。

　コンピュータに対して悪いことをするということは，大別すると，悪い動作をするようなソフトウェア（マルウェアと呼びます。コンピュータウイルスも含まれます）を埋め込むことと，コンピュータから情報（データ）を盗み出すことの2つに分けられます。少し手の混んだものには，ランサムウェアという，コンピュータ内のデータを暗号化して使えないようにし，復旧したければお金を払えと脅迫するものもあります。

　コンピュータに悪いことをさせるというのは，踏み台と呼ばれるように，他のコンピュータに対するマルウェアをそのコンピュータを使って埋め込んだり，そのコンピュータが何も作業できないように DoS 攻撃を仕掛けたりすることです。あるいは，インフルエンザと同じくコンピュータウイルスをばらまいたりします。

　インターネットは世界中とつながっているために，ちょうど町の中の通りと同じで，いろいろな人（ボットと呼ばれるコンピュータが向こう側にいることもあります）がいます。残念なことに，そこには悪い人もいます。通常，コンピュータ側にはファイアウォールやセキュリティソフトが入っていてマルウェアを防ぐようになっています。しかし，コンピュータ側のソフトウェアにもセキュリティホールと呼ばれる穴が開いていて，そこからマルウェアが仕込まれる危険性があります。

　これも残念なことですが，悪いことをする人には頭のよい人も多く，マルウェアを完全に防ぐようなセキュリティソフトウェアはほとんどありません。したがって，安全のためにインターネットとの接続を停止することが多いのですが，接続していなくても外部メモリなど別の方法でマルウェアを仕込まれることがあります。そのため，安全には絶対ということがなく，常に危険のあることをしっかり覚えておいて，いつも注意しておかなければなりません。さらに，マルウェアに感染したときには，ただちに適切な処理をとることも必要です。そのためには，地震や洪水などの避難訓練と同じように，セキュリティの問題が生じたときにどうすればよいかという対策訓練を日頃から行うことが重要です。

基本的なマルウェア感染対策

　変なメールの添付ファイルをクリックしたとき，ウェブサイトのページでおかしなことが起こったときなど，マルウェアにやられたかもしれないと感じたときの基本的な対処法を次に示します。

①　コンピュータのネットワーク接続を遮断する。LAN など有線の場合には，その線を外す。無線接続の場合には，無線機能をオフにする。

②　セキュリティ担当部署やセキュリティ担当者がいるなら，そこに連絡してどう対処すればいいかの指示を仰ぐ。

③　担当者などがいない場合，セキュリティ対策ソフトウェアがインストールしてあるなら，対策ソフトウェアを使って，システム全体のセキュリティを確認する。

④　セキュリティ対策ソフトウェアがインストールされていない場合，コンピュータのサービスセンタに連絡してどうすればいいかを質問する。

⑤　ランサムウェアなどに感染して，金銭を要求された場合，警察やセキュリティソフトウェアの会社に相談してみること。人質の身代金と同じであわてて支払うことは賢明ではない。

⑥　周りの人，組織内の他のシステムがマルウェアに感染していないかどうか調べる必要がある。同時に，これから先のマルウェア対策が必要なら専門家の助力を仰いで策定し実施する必要がある。

コンピュータサイエンスと
データサイエンス

コンピュータとプログラムについての研究開発分野は，コンピュータサイエンスと呼ばれます。数学や物理学と同様に，コンピュータサイエンスでもいまだに解けない難問が残っています。新しいコンピュータの研究開発なども行われています。

コンピュータやプログラムが扱うものは，広く「情報」（インフォメーション）と呼ばれるので，インフォメーションサイエンスという言葉も一部では使われています。日本の大学では「○○情報学部」や「○○情報学科」がありますし，情報処理学会という学会があります。

最近話題を集めている，コンピュータに人間と同じような賢い作業をさせる人工知能（AI）と呼ばれる分野もあります。

さらに，データサイエンスといって，膨大なデータを活用する分野も近年さかんになっています。膨大なデータはビッグデータと呼ばれ，そのようなたくさんのデータをコンピュータを使って調べると，人間では見つけられないようなことがわかったりします。

小学校のビジュアルプログラミングで作るプログラムは，コンピュータサイエンスやデータサイエンスに直接かかわることはあまりありません。もちろんビジュアルプログラミングも，コンピュータサイエンスやデータサイエンスの原理に従っています。しかし，算数を学ぶときに数学の原理を学んでおく必要がないのと同様に，ビジュアルプログラミングを学ぶときにコンピュータサイエンスやデータサイエンスの原理を学んでおく必要はありません。

もっとも，子どものためのAIプログラミングというコースがあったりします。たとえば，「AI×プログラミングで，児童たちの探究心を深める！町田市立第三小学校の実践授業」（https://edtechzine.jp/article/detail/2414）というような記事が出ています。

そうはいっても，プログラミングに興味をもった子どもが，大きくなって「もっとプログラミングを勉強したい」と言ったときにはコンピュータサイエンスやデータサイエンスを紹介してください。また，教える立場でも，コンピュータサイエンスやデータサイエンスの基礎を身につけておけば，教える幅や奥行きが増えるということもあります。

コンピュータサイエンスやデータサイエンスの入門書は，現時点でたくさんあるだけでなく，毎月のように新刊が出されていて，学ぶ材料には事欠きません。しかし，きちんと身につけるためには，それなりの時間と手間をかけて学ぶ必要があるというのが重要なところです。1時間やそこらで，簡単にわかるというわけにはいきません。

lesson 12
ビジュアルプログラミングは実際のプログラミングと違うか

　ビジュアルプログラミングで学ぶプログラミングの本質的なところは，実際に使われているプログラミング言語でのプログラミングと大きな違いはありません。しかし，見た目は大きく違います。そして，プログラムの作り方や使い方も実際のプログラミングとは違っています。

　これは，基本的には，プログラムとプログラミングの目的の違いから来ています。ビジュアルプログラミングは，子どもたちにプログラミングを通してコンピュータの使い方を教えるためのものです。そのために，ビジュアルプログラミングでは，ネコのような見てわかるオブジェクト（スプライトと呼びます）を前面に出しています。ブロックをクリックすれば，ネコが動いて，プログラムとそれによる結果がすぐわかるように作ってあります。

スプライトの例：ネコ

　一方，実際に使うプログラミングでは，プログラムを作る処理と，プログラムを実行する処理が分かれています。Python のようなインタープリタ型（一口メモ参照）のプログラミング言語では，プログラムの入力と実行とはそれほど離れていませんが，ビジュアルプログラミングにおけるブロックのクリックとは違います。

　Scratch では，下のブロックをクリックするだけで，ネコが動きます。

一口メモ　インタープリタとコンパイラ

　プログラムをコンピュータで実行させるには，大きく分けて2つの方式があります。インタープリタ型とコンパイラ型です。

　インタープリタ型は，プログラムを1つずつ順に解釈しては実行します。ビジュアルプログラミングでは，このインタープリタ型が使われます。実行結果がすぐわかることと，プログラムの変更が簡単にできるという特長があります。

　コンパイラ型は，ひとまとまりのプログラムをまとめてコンピュータですぐ実行できるオブジェクトプログラムという形式に変換します。この作業をコンパイルと呼び，その変換をするプログラムのことをコンパイラと呼びます。C，C++，C#，FORTRAN，COBOL などというプログラミング言語がコンパイラ型です。

　コンパイラ型は，プログラムの実行が速い，プログラムを実行する前に，プログラムがきちんとしているかどうかチェックできるという特長があります。しかし，コンパイラを使わないとコンピュータで実行できないので，実行するには手間がかかります。

Python のプログラミングでは，

```
In [1]: 3+4
```

と書いただけでは計算結果が出てきません。この後に ENTER キーを押して，
実行させる必要があります。

```
In [1]: 3+4
Out[1]: 7

In [2]: |
```

　Scratch のクリックが，Python の ENTER キーに相当します。これが C，
C++，C#のようなコンパイラ言語なら，Python の ENTER キーに相当する
ことが，コンパイルという作業を経て，オブジェクトプログラムを実行すると
いう手間のかかる処理になります。

　なぜ，実際のプログラミングでは，そうした手間のかかることをするのでしょ
うか。実際のプログラムは，何らかの処理を行うことが目的です。その処理が
どのように行われるかはプログラマが考えることで，プログラムを使う人は正
しい結果を迅速に得ることだけを求めます。Scratch のように，プログラムを
構成するブロックそれぞれがどう動くかを示す必要はありません。したがって，
実際のプログラミングでは，プログラムをまとめて実行する方がよいのです。

　Scratch のようなビジュアルプログラミングでは，プログラムがブロックの
つながりで表されています。人間にはすごくわかりやすくて，だから，子ども
用に使われています。ところが，これをコンピュータで扱うのは実は結構面倒
なのです。

　ビジュアルプログラミングでは，コンピュータそのものの細かい動作の指令
までは用意していません。だからゲームを作るには十分ですが，コンピュータ
のオペレーティングシステムのように，システムプログラム（一口メモ参照）
と一般に呼ばれているようなプログラムを作ることはできません。

　実用的なプログラムというのは，コンピュータの機能を隅々まで効率的に扱
うことができて，コンピュータで扱いやすいプログラムのことなのです。

　そのために，実用的なプログラムは，文字，それも，簡単な英数字を中心と
した文字で書かれています。もっとも，応用分野によってはビジュアルプログ
ラミングに似たような簡単な操作で用途に応じたプログラムを作るということ
も行われています。

　コンピュータがプログラムをデータとして処理すること，簡単にいえば，「コ
ンピュータでプログラムを作ること」ができるのがコンピュータの威力である
と同時に，「lesson 10 セキュリティ」で述べたようなコンピュータプログラムの
弱点でもあります。ソフトウェアエンジニアリングでは，コンピュータを使っ
て，プログラムを調べています。

　ビジュアルプログラミングが従来のテキストベースのプログラミングと異な

システムプログラム

　実用的なプログラムにはさまざまな種類があります。ちょうど，工場の中でさまざまな機械が使われているのと同じです。「システムプログラム」と呼ばれるプログラムは，工場でいえば，機械を作る機械に似たものです。システムプログラムの中では，OS（Operating System）と略称されるオペレーティングシステム，Windows，Linux，macOS などが有名です。これらは，コンピュータの基本的な動作を実現するプログラムです。さまざまなプログラムがこのシステムプログラムを使うことで成り立っています。

るのは，計算結果の表示という問題をプログラミングの基本に据えているところです。Scratch ではネコのスプライトが「計算」の各過程の状態とその結果とを表示しています。通常のプログラミングでは結果は必ずしも表示されません。表示のためには表示用のプログラムを実行する必要があります。

chapter
3
準　備　編

　さて，実際にプログラミングを教えるには，いろいろと準備が必要です。教わる子どもたちや，教える場所，人によってさまざまな状況が考えられますから，一律にこうすれば大丈夫というわけにはいきません。

　会場にせよ機器にせよ，何らかのサポートを受けるのなら企画書を書く必要があるものです。そうした企画書をまとめる作業が一番最初の準備でしょう。企画書の書き方は，組織体によって，またプログラミングを行うグループがどのようなものかによっていろいろと変わってきます。

　しかし，必要なことはかなり共通していると思います。経験者には当然でわかり切ったと思えることでも，初めての人にはわからないということも多いでしょう。そもそも何が必要か，コンピュータに関して，どんな準備が必要か，特に，ソフトウェアについては何を準備するかを本章で述べます。

　子どもたちにプログラミングを教える場合，教える人だけでなく，周りでサポートする人が重要です。もちろん，教材を準備する方針をきちんと立てることも必要です。子どもたちの募集，実際に教える場で質問を受けるための準備，最後に予行演習について扱います。

教えるために必要なもの

　プログラミングを教えるためにまず必要なものは，子どもたちに教える場です。そして，次に教える人，それから，子どもがプログラミングを教わり，自分でプログラミングをするパソコンやタブレットが必要です。その他に，学習を補助する教材であったり，手伝ってくれる人であったり，予備の機器などが必要になります。

　もちろん一番重要なのはプログラミングを教える目的と内容です。それでも，順番としては最初に教える場が決まり，その後で何を教えるかを検討することが多いと思います（学校制度がそうですね。教える内容はどんどん変わっていますが，場はそれほど変わりません）。

はじめてのとき注意すること

　実際には，初めてプログラミングに接する子どもを対象とすることが多いだろうと思います。そのような「初めて」の場合は特に，いくつか注意することがあります。

❶ 機材確保

　最初にプログラミングの機材（PCまたはタブレット）の確保を確認します。各自持参という方式もありますが，持参した機器にトラブルが発生することもあります。また，用意した機器が予定通り問題なく稼働するとはかぎりません。1割くらいトラブルがあっても大丈夫なように台数を用意するとよいでしょう。（逆に言うと，現有機器数の9割くらいの人数だけ受け入れるようにしたほうが安全です。）

❷ 機材がすべて同じでない場合

　機材が1種類だと簡単ですが，複数の種類がある場合，どのような違いがあるかチェックする必要があります。

　このときに機器の使い勝手をよく調べておくことが大事です。全部同じ機器だと楽ですが，複数の機器を使う場合，オペレーティングシステムが同じでも使い勝手が異なる場合があります。まして，オペレーティングシステムが違う機器が混じっている場合には，いろいろと違いがあるので気をつけましょう。

　理想的には使用する全部の機器で同じようにできるかどうか確認しておくことです。

❸ 電源とインターネット

　電源やインターネットを使うなら，たとえば Wi-Fi の容量を確認する必要があります。時間が短ければ最近のノート PC やタブレットは充電さえしっかりしていれば大丈夫です。インターネット接続でよくある問題は，アップデートが自動で行われてしまい，肝心の時間のほとんどがアップデートに使われてしまうことです。Wi-Fi などでは，そのために他の機器からの接続までうまくいかなくなるという現象も発生します。

❹ 使い方の説明

　最初に子どもたちに機器の使い方の説明をする必要があります。スマートフォンなどを扱ったことがあると，ある程度乱暴に使っても大丈夫だと思っている危険性があります。パソコンなどは大人が使う前提になっていますから，子どもたちには大切に扱うよう注意を行い，何かわからないときには自分で勝手にやらずに周りの人に質問するよう伝えておく必要があります。

コンピューターは大事に使おう

水に弱い，振動に弱い，
叩いたり，落としたりしてはダメ

 コンピュータまわりの準備

　タブレットを使う場合も含めてコンピュータまわりの準備には次のようなことが必要です。

❶ 台数の確認

　人数分＋予備も含めて，台数は確保できていますか。一時的に借用する場合には，借り出しと返却の手続きがどうなっているかの確認も重要です。

❷ 電源・机・椅子の確認

　電源（もし使うならネットワークも）や机，椅子などの準備は大丈夫でしょうか。電源に関しては，コンセントから遠い場合には延長用の電源タップや，総容量が足りているかどうかをチェックしておきます。コンピュータは意外と電気を食いますから，総容量の計算は重要です。ブレーカが落ちるとそのために周辺の機器にも悪影響が及びます。

ノート PC やタブレットを使い，その場での電源接続を行わない場合には，充電をいつ完了するかの手配が重要です。理想的には，使用前に充電しておけばいいのですが，台数が多いとそれだけの時間と手間をかけられないことがあります。バッテリーがどれだけもつのかも，できれば正確に把握しておきたいところです。最近は，バッテリーの性能が上がり，長期間使えるようになっていますが，バッテリーごとに性能に差があります。機器ごとにバッテリーの現在の性能を測定しておくと便利です。

❸ コンピュータの確認

コンピュータそのものの管理をどうするか，番号を振っているなら，台帳にあるのと合っているかどうか確認しましょう。どこかから借用している場合は，どれがどこから借りたものなのかはっきりわかるようにしておく必要があります。ノート PC やタブレットは持って動けるので便利ですが，管理には神経を使う必要があります。子どもはとんでもないところにも行ってしまうので，機器がとんでもないところに置かれていることがあります。

❹ コンピュータの周辺装置の確認

たとえば，タブレット PC の場合，ペンやキーボードが付属していることがあります。外付けのマウスを使っていることもあります。電源もそうですが，こういう周辺装置がきちんと揃っていて問題ないかどうか確認しておく必要があります。一部のタブレット PC では，コネクタが micro-USB で無理をすると壊れてしまうことがあります。USB 接続でもきちんと挿入していないために動かないこともあります。向きを間違えていることもあります。

❺ ソフトウェアのインストール状況の確認

Scratch の場合，インターネット接続を前提にしている場合にもオフラインで稼働するデスクトップエディタをインストールしておくのが安全です。ネットワーク環境は，いつなんどき不具合が発生するかわかりません。デスクトップエディタは https://scratch.mit.edu/download からダウンロードできます。念のために USB メモリに格納しておくとよいでしょう。ビジュアルプログラミングのエンジンだけでなく，もし例題プログラムを別途用意しておくなら，それが入っているかどうかの確認（同時に，もし前回も使った機器なら前の人が保存した余計なものが残っていないかどうか，必要なら削除してきれいにしておくことも大事です。）をしておきましょう。

ソフトウェアのインストールでは，ときどき変なことが起こることがあります。中途半端な状態になっていることもあり，インストールしたソフトウェアが本当に動くかどうか，念のために確認しておくことも重要です。

ソフトウェアの準備

　ここからは，ビジュアルプログラミングのソフトウェアとして Scratch を扱います。他のビジュアルプログラミング用のソフトウェアでも大体同じようなものです。

　準備の前に，Scratch では，インターネットに接続した状態でプログラミングをするオンライン方式と，インターネットには接続していない状態でプログラミングをするオフライン方式の 2 通りがあることを知っておく必要があります。それぞれを簡単に説明しますが，詳しくは lesson 19 を参照してください。

 インターネット環境下での Scratch 導入

　Scratch のようなビジュアルプログラミングは，ソフトウェアの準備が簡単です。インターネット接続で使う場合には，ウェブブラウザ（Edge, Firefox, Chrome, Safari など）の画面を出せば，検索ボックスに「スクラッチ」と打ち込むだけで，「Scratch - Imagine, Program, Share」というhttps://scratch.mit.edu/の画面選択が可能になります。もちろん，アドレスバーに https://scratch.mit.edu/を直接打ち込んでも大丈夫です。次のような画面になるはずです。

Scratchを今後とも使っていく場合には「サインイン」というボタンをクリックして，Scratch コミュニティのプロジェクトに参加します。プログラミングを学ぶだけの場合には，サインインしないで「作る」というボタンをクリックしてプログラミングを始めることができます。

ブラウザの初期設定には若干注意しておく必要があります。たとえば，ズームした状態だと，下図のように画面の一部しか表示されない（そのぶん，字や絵が大きくなっている）ことがあります。

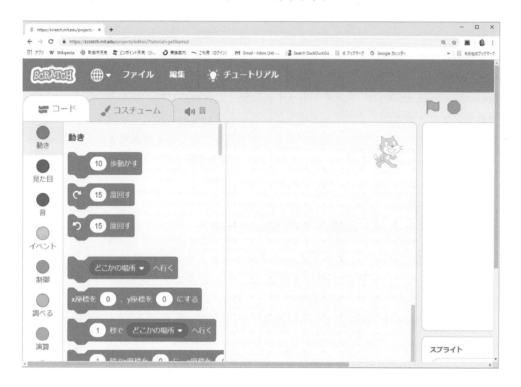

子どもたちが席についたら始められるように，ここまでの画面を全部あらかじめ整えておくのも間違いのない方式です。

それでも，子どもが間違えてブラウザを閉じてしまったときが大変なのと，子どもが家に帰っても自分でできるようにブラウザの立ち上げから教えてみるというのもひとつの考え方です。このあたりは，lesson 19 でも再度論じます。

 インターネットのない環境での Scratch 導入

インターネット接続がなくて，オフライン状態でデスクトップエディタを使う場合は，Scratch を起動する必要があります。起動の仕方は，コンピュータのシステム（オペレーティングシステム）によってさまざまです。

デスクトップエディタでは，サインインが（当然ながら）ありません。また，ブラウザの場合のようにズームの機能はありません。

Python など普通のプログラミング言語の場合には，エディタとか IDE（一

　普通のプログラミング言語では，プログラムを文字で書きます。そのプログラムを作るために使うのが，エディタというソフトウェアです。有名なエディタには emacs や vim があります。エディタでどのプログラミング言語を使うか指定すると，そのプログラミング言語に沿って入力支援が得られるようになっています。

　そのようなエディタ機能も含めて，IDE（統合開発環境）というソフトウェアが提供されている場合もあります。統合開発環境というのは，エディタを使ってプログラムを書き，修正し，コンパイラまたはインタープリタで実行し，その結果を見て，さらにプログラムに修正を施せるような環境です。それは，ビジュアルプログラミングが提供している環境に近いと考えることもできます。

　Microsoft の Visual Studio のように複数のプログラミング言語の開発環境を揃えていて，複数のプログラミング言語で書いたプログラムを使いこなせるようにしているものもあります。

口メモ参照）とかプログラムを書くためのツール，チェックするためのツールなどがいろいろとあります。ビジュアルプログラミングでは，そのようなツールは使わず，プログラムの作成と実行の環境が1つにまとまっていて便利です。

　最近では，Scratch を使ってロボットなどを動かすことも，いろいろなところでやられています。Scratch の拡張機能には，そのようなものの一部が用意されています。

　拡張機能には入っていなくても，ハードウェア機器の提供者が Scratch のソフトウェアを用意してくれている場合もあります。

　どちらにせよ，そのような場合にはハードウェアの用意と，それに関係したソフトウェアの用意とが両方必要になります。

教える人とサポートする人

「プログラミングを教えたい」という人がいるのでプログラミングを教える機会を作ることにしましたという事例も多いと思います。その場合には，教える人を探す苦労はありません。一方で，プログラミングを教わりたいという要望などがあって，ちょうどいい場所もあるのでやりましょうということになったのだけれど，教える人の確保に苦労するという話もよく聞きます。

 教える人の確保

潤沢な資金があれば，それなりの組織や人に依頼できますが，たとえば，小学校の放課後活動の一環としてとか，あるいは夏休み中のイベントなど，場所があり子どもたちもいるので，誰か適当な教え手が見つかればやってみたいというようなことはよくあります。

Scratchでは，CoderDojo Japan（https://coderdojo.jp/）という組織があって日本全国で活動しています。この活動はプログラミングを楽しむ自主活動なので「教える」のとは違います。それでも，このような活動に参加している人に相談してみると，教えることのできる適当な人が見つかる可能性があります。

小学校の科目としてプログラミングを教えるということに対応して企業などでもプログラミングを支援する活動があります。地域，職場，ボランティア活動などで，そういった活動をしている人が見つかれば相談するのがよいでしょう。学校での活動であれば，学校ボランティアのコーディネータとか世話役をする人がいるかもしれません。学校に相談すれば，そのような窓口になってくれる人を紹介してくれる可能性もあります。

 サポートする人の手配

プログラミングにかぎりませんが，子どもたちに教えていると，思いがけないことがいろいろと起こります。中には結構面倒なこともあり，よく調べないと対処できないこともあります。そのような出来事を，教える人が1人で全部こなすのは困難です。

多くの場合，そうした状況では，そのような問題のあった子どもに対して「また後で」というような対応しかできず，教える時間が終わったときには忘れて

しまうという後味の悪い経験をすることがあります。

　プログラミングを教える場合のそういったさまざまなことに対応するために，サポートしてくれる人を手配しておくことが重要です。サポートする人はプログラミングをよく知らなくても大丈夫です。しかし，子どもにしっかり対応する人でなければなりません。次のような条件を備えた人で，子どもたちが出会うさまざまなトラブルに対応します。

□ サポートする人の条件
- プログラミングは知らなくてもよいが，コンピュータなどの機器が扱えること。
- 子どもの話をしっかり聞けること。
- 子どもの困った，どうしたらいいかなという表情やしぐさに気づけること。

□ サポートする人の作業
- 子どもたちの様子を見ていて，困った，どうしようという子どもを見つけたらそこに行く。
- 子どもが質問してきたら，その内容を聞く。
- 様子を見たり話を聞いたりして，対処できそうなら対処する。
- 対処できない問題はメモを取り，とりあえずどうすればよいかを子どもに教える。

　サポートする人に最も大事なのは，子どものことが好きで，子どもの言うことをきちんと聞けることです。子どもにプログラミングを教えるとき，主役は子どもたちです。他の分野でも同じだと思いますが，つまらないところで理解がつまずくことがあります。大人同様，勘違いすることも多いです。サポートする人がいればそのようなつまずきを多少なりとも防ぐことができます。

　場合によると，父兄も一緒にプログラミングを学ぶということがあります。私の個人的な経験では，お父さんお母さんの方が子ども以上に熱心にプログラミングをするものです。子どもにとってもお父さんお母さんと一緒に学ぶのはよい経験だと思います。うまくいけば，そのようなお父さんお母さんがその後のプログラミング教室のサポータを務めてくれることもあります。

　あるいは，プログラミング教室を子ども主体のつもりで開いたら，高齢者の参加が結構あったという話も聞くので，そうした高齢者にサポートしてもらえるかもしれません。

　低学年の子どもに教える場合には，これまでプログラミングを学んだことのある高学年の子どもたちにサポートや手伝いを頼むのもひとつのやり方です。しかし，高学年でも子どもの場合には，教えるよりも自分のことに夢中になる傾向があります。大人のサポータがいると，その場の雰囲気も含めて安心できるものです。

教　　材

　　教える人とサポートする体制が決まったら，教える教材の準備です。これとは逆の順序，何を教えるかを決めて，教える人とサポート体制を決めることもあります。

　　教える人が決まったら，教材もその人が決めますということでおしまいの場合も多いと思います。ここでちょっと，そもそも論になるかもしれませんが，どのように，あるいは，どういう立場で教えるかということと絡めて，教材について考えてみます。

教えることと学ぶこと

　　「教える」という観点と，「学ぶ」という観点は，本来なら同じことを相対する側から見るだけで，中身は同じはずなのですが，力点の置き方が異なり，それが内容にも影響してきます。

　　プログラミングのように体験して，作っては使ってみて，ああ，こんなことなのだなとわかるものは，言葉や規則を覚えただけでは学びきれません。

　　教える側が「こういう材料で，このようにやればよい」と教えれば，子どもはそのとおりに行います。そして，予定通りの結果になると，それでもって，「子どもが教えたことを学んだ」と考えてしまいがちです。

　　ところが，学ぶ側の立場に立てば，実のところ，教わった通りとは違うことをしたときにどうなるかを学ぶことが大事になります。自転車やボートなどを学ぶときにも，自転車なら倒れてしまうのはどんな場合で，どう立ち直ればよいのか，ボートなら転覆するのはどんなときで，転覆したらどのように対処すればよいのか，といったことを学ぶことが大切です。実際に，自転車やボートの教習では，そうしたことを学ばせます。

　　プログラミングを学ぶ場合も，本当に身についたと思うのは，プログラムがうまくいかない場合にどう対処すればいいかがわかったときだろうと思います。

　　教える側は，「正しいやり方」，「うまくいくプログラム」を教えるのですが，学ぶ側からすると，「間違ったやり方」，「ダメなプログラム」をどう見分けて，どう対処するかを学ぶことが重要なのです。

プログラミングは学校で学ばない

　現役で活躍しているプログラマの中には，さまざまな経歴の人がいます。その人たちの中には，「学校ではプログラミングを学びませんでした。基本的に自習です。」という人が結構います。オンラインでプログラミングを学べるようになったということもあるのでしょうが，ソフトウェア開発の企業の中にも，「プログラミング講習などはしません。わが社のプログラマは学びたいこと，学ぶ必要のあることは基本的に全部自習するようになっています。」というところがあります。

　プログラミングの要点が失敗や異常への対処であり，進度が個人によって大きく変わることを考えると，「教室で一緒に学ぶ従来の教育方式でプログラミングを教えるのは効率的でないのでしょう。」というのが米国のスタンフォード大学の人の感想でした。

 ## 教材の方向性——目標到達型・探索型・説明型

　教え方には「目標到達型」，「探索型」，「説明型」があります。それぞれ順番に，何か具体的な目標を与えてそれを達成させるという方式，与えられた材料から色々と試行してみる方式，規則やことがらを覚えさせるという方式です。

目標到達型	何か具体的な目標を与えてそれを達成させる
探索型	与えられた材料からいろいろと試行してみる
説明型	規則やことがらを覚えさせる

　実際には，これらを組み合わせながら，どこに重点を置いていくかが違うという場合が多いでしょう。目標があれば意欲が湧くし，機能を色々と試すと面白いし，使う部品について説明を受けると安心できます。

　ここでは，「目標到達型」，「探索型」，「説明型」についてその特徴をまとめます。教材の採用あるいは作成の参考にしてください。

❶ 目標到達型

　これは，たとえば，ゲームを作るというプログラム課題とそのための材料，手順を与えて，プログラミングを教えるものです。図画で，たとえるなら，絵の構成を示して，そのように要素を描いていくようなものです。塗り絵などのような感じです。

　この方式では，よい教材があれば，それに沿って教えていけばよいので，教える側の負担は少なくなります。

　予定通りに目標に到達できると，学ぶ側にも教える側にも達成感があります。ゲームの場合には，Scratch のゲームについての本が多数出ています。ネットには多数のプログラム例があり，YouTube などで解説されている場合もありますので教材には不自由しません。

　問題は，むしろ目標にすんなりと到達できた場合です。組み立て方に書いてあるとおりにプログラムを作ることはできたけれど，組み立て方の指示がなく

ても，プログラムを書けるかといわれると心許ない。いや，それ以上に，プログラミングをしたという意識がなくて，プログラミングとは，言われたとおりにブロックを並べるだけだと理解してしまうような場合です。

そもそもの目的は，プログラミングを学ぶことだったはずなのに，それがゲームのプログラムを言われたとおりに作ることにすり替わってしまった場合です。プログラムを作りながら，なぜこうなっているのか，違ったことをしたらどうなるかを考えたり，あるいは，試すということが必要です。

❷ 探索型

探索型では，プログラミングの材料を与えて，子どもたちにプログラムを考えさせよう，やらせてみようとします。画材を与えて，子どもたちに自由に絵を描かせるのと似ています。

これには，指導者にそれなりの知識と理解力が必要です。また，子どもたちがまったくの初心者の場合には，何ができるのかの見当がつかないので，ある程度の例題を用意しながら，子どもたちを刺激する工夫が必要です。

この方式では，うまく動機づけすることが難しいのが問題です。Scratch という道具を与えて，好きなようにプログラミングしてごらんというと，手軽に，いろいろな音や，さまざまなスプライトを使って遊びだす子どもがいます。周りの子どもも，その子どもの真似をして，収拾がつかなくなることがあります。プログラミングというのは，何らかの課題をコンピュータにやらせるものですから，そういう課題がないと，やり遂げたという達成感も得られません。

一方で，このようなやり方は，予想外の使い方，プログラミングを発見するという喜びがあります。こんなこともできるんだという子どもたちの創造力に感心させられるのが，この種の教材の面白いところです。ある程度の実績があれば，前回までのプログラム例にはこんなのがあるよというかたちで子どもたちを刺激することもできます。

❸ 説明型

Scratch を例にとると，これは，Scratch の機能を説明するものです。プログラミングそのものを教えるというよりは，プログラミングをする言語やシステムの説明をします。図画の例でいうなら，絵の描き方ではなく，絵の具や画用紙について説明するようなものです。

この教材は準備は楽です。機能を順番にチェックしていけばよく，子どもたちも，「あ，こんなことができる。」とついてきてくれます。しかし，これらはあくまでも部品ですから，プログラム全体をどう構成するかということは，別途教わる必要があります。

図画でいえば，画材についてだけ教わっていて，肝心の絵の構成法だとか，鑑賞法だとかには触れていないというわけです。プログラミングについても材料や道具だけでなく，プログラムの構想・設計・作り方を別途教える必要があるということです。もちろん，材料さえ与えれば，素晴らしい絵を描く子どもがいるように，プログラミングでも素材さえ与えれば，素晴らしいプログラム

を書く子どもがいます。プログラミングを楽しんでもらうのが目的なら，これでも十分でしょう。

　私たちが教わってきた学校の授業では，教科書があって，その内容を理解することが学ぶことでした。その意味では，教科書という教材を中心にして教えるということがなされていました。プログラミングでも，そのうち，そうなるかどうかなのですが，プログラミングがその機能を常に拡張していることを考慮すると，結構難しいのではないかと思います。

　プログラムによって達成できることがこれからも変わっていきます。（おそらく，もっと多くのことができるようになります。）それに応じて，プログラミングも変わってきます。プログラミングが始まった70年ほど前には，インターネットはありませんでしたし，PCやスマホのようなものは，夢物語でした。コンピュータやプログラム実行の原理そのものは変わりませんが，使い方は大きく変わりました。教材もまた時代とともに変化するはずです。

16.3　教 材 の 事 例

　本書では，chapter 4 実践編で具体的な教材の事例を紹介しています。その内容は次の通りです。

❶ ケーススタディ1：ネコを動かす

　ネコのスプライトを動かしながら，Scratch でのプログラミングにおける基本的な制御，プログラミングで重要な「変数」などを紹介し，その使い方を学びます。

❷ ケーススタディ2：図形を描く

　正方形・三角形などの図形を描くにはどうしたらよいかということや，プログラミングで重要な「ブロックの定義」の使い方を学びます。最後に，フラクタルという数学の分野の話もします。

❸ ケーススタディ3：簡単なゲーム

　子どもたちが興味をもつゲームの作り方を2つ（❶ 動物レースと ❷ シューティングゲーム）紹介すると同時に，これらが高度なプログラミングの機能を簡単に使いこなしていることを示します。

❹ ケーススタディ4：音楽演奏

　同じく子どもたちが興味をもつ音楽演奏について，基本的なドレミの演奏から「さくらさくら」を例に簡単な演奏の仕方までを紹介します。

❺ ケーススタディ5：並べ替え（整列，ソーティング）ゲーム

　最後に，コンピュータサイエンスのアルゴリズムに関して，数の並べ替え，「ソーティング」のプログラミングを学びます。

子どもたちのグループ分けと募集

　教える対象の子どもたちは，前もって決まっている場合もあるでしょうが，新たに募集することもあると思います。子どもたちへの募集をどうするか，応募してくる子どもたちの人数が多かったらどうするか，少なかったらどうするか。ボランティアの場合や授業の一環として行う場合は，人数が多くても少なくてもそう影響はないかもしれません。何らかの収支が伴う場合には，想定しているだけの人数が集まらないと困りますから，準備の中で，子どもたちの募集が実は一番重要な項目となります。

　これも本来なら企画書に書かれていることになると思いますが，子どもたちをどのようなグループに分けて募集するかも重要なポイントです。初心者を対象にするのか，ある程度知っている子どもを対象にするのか。あるいは，そういった経験を問わずに集めるか。さらには，実際に教えるときに経験知識をもとに分けるかどうかです。

　募集する子どもを絞るということは，どういう教材，どういうことを教えるかが絞られているということです。ですから，「lesson 16 教材」での教える方針を踏まえて，ということになります。

　初心者の場合と経験者の場合とをそれぞれ考えてみましょう。

 初心者を募集する場合

　プログラミングが初めてという子どもは，多くの場合，コンピュータやタブレットなどの機器も初めてのはずです。時間に余裕があるなら，そういった機器についての説明や，使い方をまず教える必要があります。

　初めて体験することは，大変なことだけれど，それなりに感動があるので，教え甲斐があります。とんでもないハプニングに備える必要はありますが，基本的なプログラミングだけでも，できたら喜んでくれます。

　サポートする人たちには，子どもたちの表情やしぐさに注意してもらう必要があり，それなりの人数を確保しておくのが安心です。

　探索的 →lesson 16 に「こんなことはできるかな」と問いかけながら，プログラミングの基本を教えていくというのが典型的な教え方です。

経験者を募集する場合

　経験者にも程度があるので，足並みがそろって教えるのが楽になるとはかぎりません。一応プログラミングをしたことがあれば，機器の使い方などは大体わかっているはずなので安心です。

　サポートする人たちも子どもの相談にのるという態度で接すればよく，それほどの人数はいなくても大丈夫でしょう。

　経験者の場合には，何のプログラミングを教えるかという教材の絞り込みが重要になります。漫然と「プログラミング中級」というように示したのでは，子どもたちも何を期待していいかわからないでしょう。よくあるのは「○○ゲームを作る」という形の教材です。

　つまり，経験者の場合には目標到達型 →lesson 16 の教材が使いやすく，子どもたちも集まりやすいといえます。ロボットなどの機器を操作するプログラミングも，同じように内容がはっきりしていてわかりやすいでしょう。

 経験を問わず募集する場合

　小学校などでプログラミング教室を開く場合には，初めての子どもも経験のある子どもも受け入れるので，このような形になります。どちらかといえば，経験者を募集する場合と同様に，目標到達型がやりやすいという印象があります。

　あるいは，Scratch の音楽演奏機能のように，機能面で絞り込むのもよいかもしれません。プログラミング体験そのものを目標にしているなら，経験者に初心者を教えてもらうのもよい方法です。ただし，プログラミング，特にゲームのプログラミングの場合，よく知っている子どもほどプログラミングにのめりこんで，初めての子を教える余裕がないということがあるので，あまり効果的ではなさそうです。

　経験した子どものグループと初めての子どものグループとに分けておいて，それぞれで少し違ったことをやるという方法もあります。

　募集定員もある程度の目処はあるでしょうが，想定した人数より多く来た場合に，❶抽選で予定募集人数に絞る，❷別の大きな部屋，または回数を増やして対処できるか，というあたりのことを考えておく必要があります。提携している組織がある場合には「そちらの組織を紹介します」というやり方もあるでしょう。

　逆に予定していたよりも応募人数が少ない場合の対応も考えておく必要があります。極端な場合，応募がなかったらどうするのがよいでしょうか。延期するという選択肢も，とりあえずやることにしてその日の飛び入り参加を期待するという選択肢もあります。大体は募集日時を前もってチェックして，参加者が誰もいないということは避けるべきですが，こういう困ったこともあったりするものです。

募集の際に Scratch のネコなどの画像を使う場合，営利的なものなら，MIT
メディア・ラボの了解を得る必要があります。市販の書籍を教材として使う場
合には出版社の了解が必要です。あるいは，出版社や著者とタイアップしてプ
ログラミング教室を開くという方法もあります。

　小学生の場合，1,2 年生を含めるかどうかという判断も重要になります。1 年
生の場合，1 学期だとまだ漢字を習っていません。Scratch の言語を「日本語」
ではなく「にほんご」にして ☞ ヒント，ひらがなだけで動作などのプログラム
の表題が出るようにします。

（ヒント）地球儀のアイコ
ンをクリックすると言語
を変更できます。

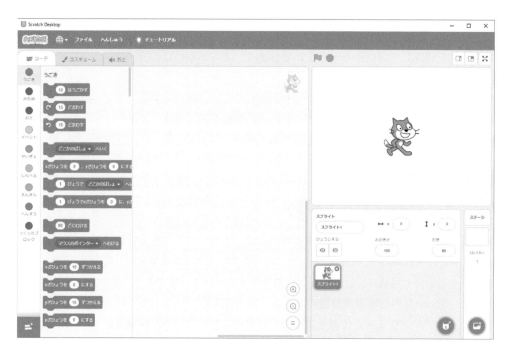

　Scratch のこの言語機能は，日本に来たばかりの外国生まれの子どもやバイ
リンガルの子どもたちにとっても便利かもしれません。

　1 年生から 6 年生まで，いろいろな子どもがいる場合には，大きな子，よく
わかった子が周りの何も知らない子を助けてくれるように頼んでみるのも面白
いと思います。

注意 **スクロール（画面の上下移動）**

一部のタブレット PC などでは，スクロールが難しいことがあります。
地球儀のマークから「にほんご」を選んで，表示をひらがなにするとい
うような画面のスクロール動作が難しいのです。機器に応じて必要な
動作をしましょう。難しい，あるいは間違いやすい動作は，避けたほう
がよいでしょう。「lesson 13 教えるために必要なもの」でも述べました
が，コンピュータの使い勝手は，極端な場合，その機器ごとに異なりま
すから，注意しましょう。

質問を受けるための準備と予行演習

　プログラミングを教える場合，いろいろな質問にきちんと答えることが重要です。そのためには準備が必要ですが，準備していた質問は出ずに，まったく予想外の質問が来ることも多いものです。

　それでも，一応の質問を予想しておき，その対処を考えておくのは有効です。一方で，原則的に重要なことは知ったかぶりをしないこと，質問してくる子どもに「話をきちんと聞いていない」と怒ったりしないことです。コンピュータを扱っていると，信じられない現象が起こるというのは，結構よくあることです。

よくある質問

❶ 基本的な操作ができない

　ビジュアルプログラミングでは，普通のプログラミングのような文字のタイピングが要りません。その代わりに，プログラムの要素をクリックして，スクリプト領域（コードエリア）にもってくる必要があります。子どもたちのスマホ操作などを見ていると，子どもはそういう操作をなんなくこなすように思われるかもしれませんが，意外と（特に初めての）操作に苦労する子はいるものです。ちょっとした感覚だと思うのですが慣れるまで待ってあげる必要があります。

❷ 動かない

　子どもたちからの質問で一番多いのがこれではないかと思います。画面が動かない。反応しない。これには何通りもの原因が考えられ，対応策もさまざまです。一番簡単なのは，コンピュータの反応が遅かっただけで，しばらく待っていればよかったのに，反応がないからとあちこち押しまくったので，ますます反応が遅くなっているというものです。もうひとつは，電源のコードが抜けるとかキーボードやマウスが外付けになっていた場合，外れていてコンピュータが反応していないように見えるときです。もうひとつの，割合に多いのは，本当に，何かの原因でコンピュータが反応しなくなっている（フリーズした，とよくいいます）ことです。実行しているプログラムに問題のあることも，システムプログラムに問題のあることも，あるいは，ドライバと呼ばれる基本的なシステムプログラムの問題の場合もあります。このような場合，一番簡単な対処法は，システムを再起動することになります。再起動しても動かなかった

ら，予備の機器に取り替えたほうがよいでしょう。

❸ おかしくなった

この質問も多いでしょうね。今の子どもたちはスマホなどに慣れているので，画面のさまざまな箇所，キーボードもマウスもあちらこちらと試して回ります。それ自体は，きわめて健康なことなのですが，思いがけないことが起こるという意味では困りものです。さらに，自分で触ったつもりはないのに，触っていたということもよくあります。

この場合も対応はさまざまです。再起動してもう一度というのが安全確実な対処法ですが，手間がかかります。手助けの人が面倒を見てくれるのが理想的というか，必要です。うまくいけば，ごく簡単な操作でもとに戻ることができるかもしれません。

もう少し自由な環境の場合は，何がおかしくなったかを含めて，子どもに考えさせ，いろいろと調べさせるのも面白いかもしれません。

❹ 思いがけない質問

子どもの質問にはまったく思いがけないものもあって，それだけためになります。大事なことは，質問すること自体が子どもにとっては緊張する行為だということを理解して，どんなに馬鹿馬鹿しいと思える質問でもきちんと聞いてあげることです。

18.2 予 行 演 習

質問を受ける準備においても，結局は，どういう運びになるだろうかという予行演習が重要になります。もちろん，どんなプロジェクトでも予行演習は大事です。ぶっつけ本番で教えるのではなく，理想的には，場・機器・教材を揃えたうえで，まずは子どもがいない状態で練習をして，その後で，何人かの子どもを対象に，実際に教えてみます。その結果を参考にして，実際の教え方を練っていきます。

ボランティアで教える場合は，場・機器を揃えること自体が大変です。まして，子どもを集めて予行演習する余裕までとれるということはなかなかありません。学会やその他の集まりで発表する場合の予行演習と同じで，たとえば，家の中で家人に聞いてもらったり，自分で独演するのをスマホか何かでビデオに撮って，後でチェックしたりするのも有効です。

最低限，自分の頭の中で，「こんな話をしたら，子どもがどう反応するかな」といろいろと考えてみるとよいはずです。他の人がどのように教えているのかを見学するのも，別な意味で予行演習の役に立ちます。

Scratch のインストールと使い方

Scratch を使う環境で重要なのは，インターネットが使えるかどうかです。「lesson 2 プログラム，コンピュータ，プログラミングとは」でも少し述べましたが，現場でのプログラミング作業も，インターネット環境があるかどうかでやり方が違ってきます。

 ## インターネット環境下での Scratch 導入

インターネットがないと Scratch を導入して使うことができないという機器もあります（たとえば iPad）。その場合には，まずウェブブラウザを立ち上げます。ネット端末を使っているのですから，ブラウザの立ち上げには問題ないと思います。もしも，ネット機器そのものが初めてという人がいたら，機器のインターネット接続から，ブラウザの立ち上げまでを別途教えておく必要があります。子どもたちにも，機器の電源を入れるところから，ブラウザを立ち上げるところまで，ネット機器使用の基本を教えておくのがよいでしょう。大体は，子どもの方がすぐに覚えてしまいます。

ブラウザの画面が開いたら，次のように Scratch のホームページから Scratch を使います。URL は https://scratch.mit.edu/ ですが，検索ページで「scratch」または「スクラッチ」と入力すれば該当ページが出てくるはずです。

上のところに，「作る」「見る」「アイデア」「Scratch について」「Scratch に
参加しよう」「サインイン」というタブがあります。Scratch のコミュニティで
は，Scratch の活動に参加するためのオンライン登録を勧めています。

　ただし，Scratch でプログラムを作るということに関しては，「作る」という
タブをクリックするだけで十分です。そうすると，Scratch のプログラムを作っ
て実行することのできる次のような画面が出てきます。

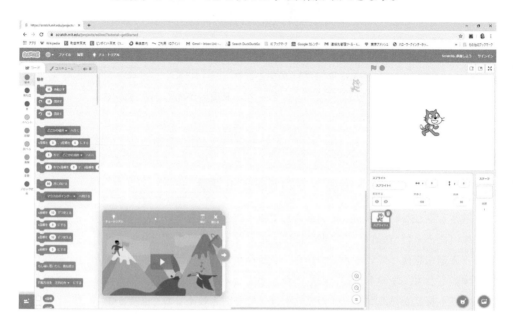

　右端の「参加」「サインイン」のタブ以外は，オフラインエディタと同じです。
　参考までに，オンライン登録をしてコミュニティに参加し，最初のページで
サインインした場合，Scratch のプログラミング画面は次のようになります。

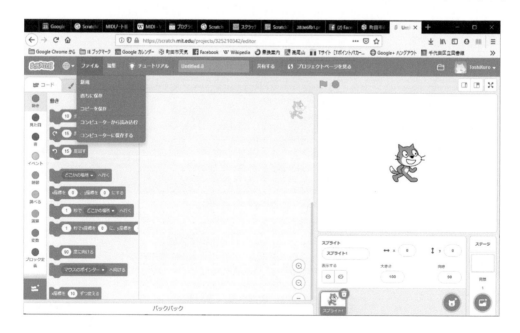

Scratch にかぎらず，最近のプログラミング言語や環境では，開発者とユーザを含めたプログラミングのコミュニティが重要な役割を果たします。コミュニティは，日本語の「仲間」や「組織」に近い語感ですが，共通の目的をもってプログラムを作成，改良し，それを評価したり，次の改良点を議論したりします。

プログラミング言語のコミュニティでは，そのプログラミング言語や環境で必要なこと，特に，今後必要になると思われる機能や現在の環境でのさまざまな問題点について従来から議論がなされてきました。

Scratch では，子どもが中心となったユーザが，自分の作ったプログラムをプロジェクトという形で発表したり，共有したりすることがコミュニティで行われています。

それ以外にもそのプログラミング言語や環境で役に立つさまざまなことがコミュニティで行われるようになっています。

プログラマの役割のひとつは，このようなコミュニティに参加して，貢献していくことです。それは，自分だけでなく他の人たちの活動を助けることになります。（そして，自分のプログラマとしての評価を上げることにつながります。）

タブの構成が少し変わりますし，ファイルというタブをクリックしたときのメニューが変わるのと，下にバックパック機能が追加されています。この辺りの詳細も，Scratch の本やネットの情報を調べてください。本書では省略します。

重要な点は，インターネット接続で Scratch を使う場合，コミュニティに参加（サインイン）するかどうかで，使える機能に少し違いが出てくることです。

もうひとつ重要なことは，ネットワーク環境がしっかりしていないと，途中でプログラムが動かなくなる，あるいは，プログラムが作れないということが生じることです。

気をつけないといけないのは，ネット機器の自動更新，自動アップデートです。セキュリティを確保するためには，このような自動アップデートが必要です。困ったことに，プログラミング教室のために使用するネット機器を，ネットに接続すると同時にまず自動更新が始まることがあります。

ネット環境の容量が十分でない場合，どれかひとつの機器の自動更新だけでネットの容量を消費し，他の機器がネット接続するための余裕がなくなるということがあります。ポケット Wi-Fi などの契約によっては，ある期間内に所定の容量を消費しつくすと，低速接続しかできないために，どの機器も事実上つながらない，「接続しています」という状態からさっぱり移らないという状況も発生します。

ネット機器の状態確認を前もって行う場合に，自動更新があればそれを行うこと，そして，自動更新を行えるだけの時間的余裕を見ておくことが必要です。

もし，かなりの自動更新が予定されている場合には，それを早めに済ますか，その更新時期を遅らせるなりの対処が必要な場合もあります。

インターネットのない環境での Scratch 導入

Scratch には，ネット環境がなくても Scratch のプログラムを作って実行できる，デスクトップエディタ（オフラインエディタや Scratch アプリとも呼ばれる）という環境が用意されています。

インストールするには https://scratch.mit.edu/download をブラウザで開きます。使用できるのは，Windows10，macOS の PC，chromeOS の chromebook，Android6.0 以降のタブレットです。他のオペレーティングシステムが搭載されている機器（たとえば，iPad や Linux）にはまだ提供されていません。次のような画面になります。

使用中の OS が自動的に表示されます。いずれもアプリストア経由で，インストールするようになっています。

デスクトップエディタの起動は，他のソフトの起動と同じです。Windows，chromeOS，macOS の画面を，起動後の Scratch デスクトップエディタの画面とともに次ページ以降にまとめて示します。

画面を開くと Web 版とは異なり，右側にタブが何もありません。チュートリアルのタブの右に，現在のプログラムのタイトルが表示されます。

デスクトップエディタでは，すべての実行がそのマシンで行われますから，マシンの能力が低いと実行に時間がかかることがあります。しかし，ネット環境に左右されず実行できるので，準備がその分だけ簡単になります。大体は，この初期画面をすべての機器で立ち上げて，子どもたちがすぐ使えるようにします。

❏ Windows の起動の場合（Scratch Desktop を選ぶ）

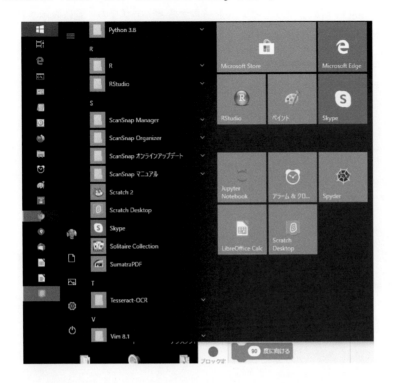

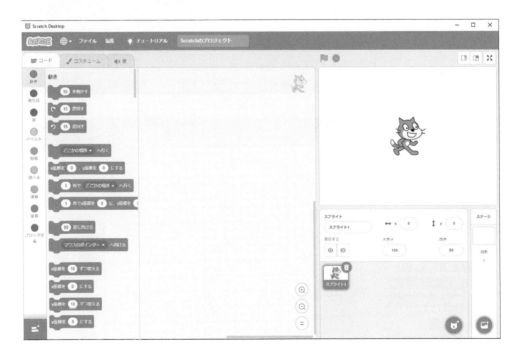

❏ chromeOS の場合（Scratch アプリを選ぶ）

　chromeOS 用のアプリをインストールすると，アプリの一覧に表示されます。起動後の画面は Windows とは少し違う画面です。

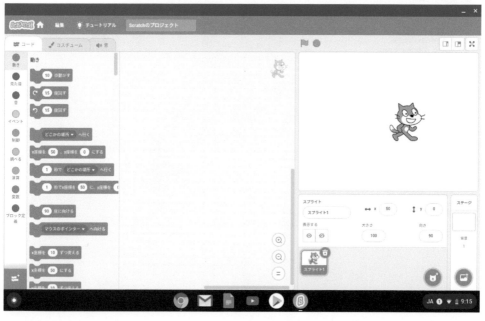

❏ macOS の場合（Scratch Desktop を選ぶ）

　macOS 用のアプリをインストールすると他のアプリケーションと同様に
Launchpad に Scratch が追加されます。起動後の画面は Windows と同じです。

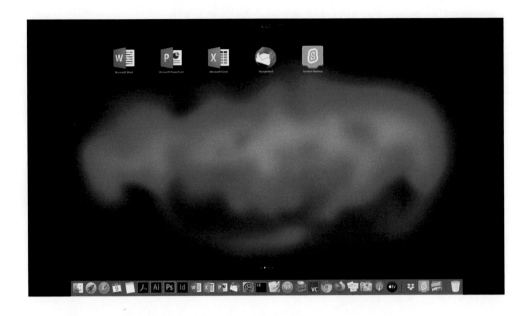

19.3 拡 張 機 能

　描画や音楽演奏をするには，左下隅の「拡張機能を追加」ボタンをクリック
して，下のように拡張機能のページを開きます。

「拡張機能を追加」

　そして，「ペン」 や「音楽」 を選ぶと次のように，コードの中にペ
ンや音楽のブロックが含まれるようになります。

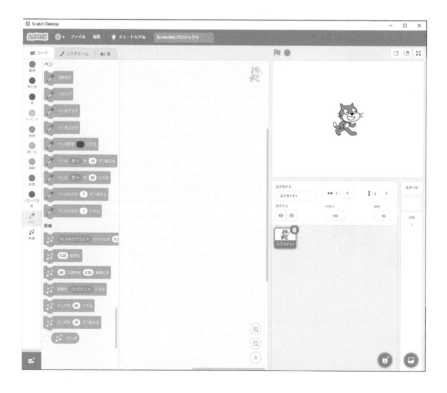

プログラミング言語の標準——JIS，ISO/IEC

　ある意味ではコミュニティに近いのですが，プログラミング言語によっては，国際/国内標準，日本の場合には日本産業規格（Japanese Industrial Standards, JIS）が定められているものがあります。C，C++，C#，それに FORTRAN や COBOL といったプログラミング言語には JIS の規定が定められているだけでなく，ISO/IEC という略称で呼ばれる国際標準が定められています。

　このような標準規格は，委員会という形式のコミュニティによって定められるということが，40 年ほど前から行われてきました。以前は，さまざまな企業や団体が言語を処理するシステムをそれぞれ開発していたので，こうした標準が必要でした。

　現在でも，標準の存在は重要ですが，最近ではオープンソースによる開発が主になってきたので，ISO/IEC や JIS などによる規格よりも，開発コミュニティに比重が置かれるようになっています。

拡張機能では，他の企業と協力した機能が次々に追加されています。

chapter 4

実　践　編

　実際に教える場面での検討事項や教材を使ったケーススタディを見ていきましょう。Scratch のプログラミングを扱いますが，Viscuit や Snap!，TurtleStitch のような他のビジュアルプログラミング言語でも基本的に同じことができます。

　プログラムは作るときに，いろいろと工夫できる，変更できるという柔軟性が魅力です。教える現場では，子どもたちが考えて，いろいろと試すことをできるだけ手助けしたいものです。ここで紹介するものを「素材」として使い，ぜひ，その場で子どもたちに応じた教えを楽しんでいただきたいと思います。

シナリオ作成

プログラミングを教える上で一番重要なのは，シナリオの作成とサポートする全員での共有です。シナリオは，ごく簡単なメモ書きから，細かいスケジュールを使ったものまで，いろいろな種類があります。ただし，子どもたちは，こちらの狙い通りに反応するとはかぎらないことを頭に入れておくことが重要です。横道にそれたり，思わぬトラブルでうまくいかないことがあります。欲張ったシナリオにしないで要点を絞り込み，時間が余ったら，楽しいゲームをやってみるなど，少し余裕をもつようにしましょう。

簡単なシナリオ——目的と素材

以下に，ひとつの例を示します。目的，素材，注意点を並べたもので，準備やサポートする人と情報や意識の共有に使います。場合によっては，子どもたちを募集するチラシの素材になります。

❑ 目的：プログラミングの基本を教える。
❑ 素材：Scratch の標準画面，スプライトはネコとリンゴの 2 つ。
❑ プログラム要素：動作は，「○歩動かす」，「○度回す」，「もし端に着いたら，跳ね返る」，イベントは，「旗がクリックされたとき」，制御は，「○回繰り返す」と「ずっと」。
❑ 注意点：
  • どのボタンを押すとどうなるか，基本を教える。たとえば，右上の ✕ 印は，押してはいけない。これは，Scratch 終了のボタン（押すと普通は，「Leave Scratch」と確認のウィンドウが出るはず）。
  • スプライトのウィンドウに，位置や向き，大きさの情報がすべて示されていること。
  • 「コードエリア」への移動，大きさなどの変更は，うまくいかない子がいないか確認。
  • 「スプライト」を選んでいるか，「ステージ」を選んでいるかでコードの内容が変わること。
  • 「動き」に「表示する」と「隠す」があること。
  • 「数字入力」では全角と半角に注意（一口メモ参照）。
  • 終わるとき，（特にブラウザで実行の場合）「コンピュータに保存」がうまくいかないときがある。最悪の場合は，スクリーンショットかカメラで画面を保存してプログラムを再構築できるようにする。
  • たまに，Scratch のシステムが反応しなくなることがある。この場合も，途中結果を記録してから，再起動する。

どうでしょうか。大体，どんなことを教えるつもりかわかります。しかし，これでは，限られた時間，たとえば，1 時間で教える場合にどうなるか，どこ

まで教えられるかがわかりません。スケジュールを載せたシナリオを作らない
と，時間配分まではわかりません。

20.2 スケジュールを含めたシナリオ——1時間で教えるプログラミング

このシナリオでは，❶何をどのようにするかを開始時間から分単位で示すと
ともに，❷教える人がすることと，子どもたちがしたり，考えたりすることを
書き出してあります。

時間	指導者の活動	学習者の活動	留意点
−15 分	開始前の設定，机，椅子，PC などの機器を確認。機器は電源を入れて，Scratch のプログラムを開始できるようにしておく。		
0 分	あいさつ，注意事項 サポータの紹介 大事に扱うことを伝える。	生徒着席 コンピュータの確認 初期画面確認	
5 分	地球儀，ファイル，チュートリアルがあることを伝える。 コード，コスチューム，音，コードエリア，ステージ，スプライト，背景を示す。	スクラッチの画面を知る。 「ファイル」→「新規」でもとに戻ること。 スプライトのウィンドウに，位置や向き，大きさの情報がすべて示されていることを確認。 ステージのウィンドウに，背景があることを確認。	（何もない最初の背景は選択できない，「見た目」で「背景を〈背景 1〉にする」を実行しないといけない。）
15 分	ネコを動かす課題を伝える。 〈プログラムは始まるところがある。〉 右端にネコが行ってしまった。どうすればいいだろうか，子どもたちに考えさせる。 何かおかしいところはないかな，と子どもたちに注意を向けさせ，解決法を考えさせる。	「10 歩動かす」をコードエリアへの移動してクリック。 イベント：「旗がクリックされたとき」を動きのブロックの上につける。そうすると，右上にある旗のクリックでプログラムを開始できる。 制御：10 回繰り返す，ずっと，で動きブロックを囲む。 全画面表示にして，旗をクリック。 「もし端に着いたら，跳ね返る」を追加して，往復させる。 ネコのスプライトの「向き」のボタンで「左右だけ」▶◀ にする。 ネコの動きをアニメーションらしくするために，見た目「次のコスチュームにする」を追加。	
30 分	画面全体を動くようにする，Q：どうすればいいかな？ ネコがリンゴにぶつかると「リンゴだ」と言うようにする，Q：どうすればいいかな？ リンゴを捕まえて，Q：リンゴを消すにはどうすればよいかな？ リンゴを捕まえて，Q：リンゴの個数を数えていくにはどうすればよいかな？	リンゴをスプライトに追加する。 大きさを小さくして，ネコと同じようにずっと動くようにする。	
50 分	質問はあるかな？ プログラムは，始まり，繰り返し，条件分岐，回数を数える変数があった。	ファイルに保存 まとめ	

シナリオをこのように作らないといけないというわけではありませんが，参考になるかと思います。ここまで詳しくなくても，大体の項目，子どもたちへの問いかけの内容などを書き出しておくとよいでしょう。

プログラミングを楽しむだけなら，ここまでの準備はいらないかもしれませんが，用意しておいて無駄になることはないと思います。では，実際にプログラミングがどのようになるかを検討してみましょう。

20.3 ケーススタディ一覧

本書で扱うプログラムの例（ケーススタディ）は5つ（ゲームは2つあるので細かく数えると6つ）あります。

> ❶ ネコを動かす：基本的なもの
> ❷ 図形を描く：「ペン」の使い方，関数，変数，再帰
> 　　算数で図形の知識が必要。
> ❸ ゲーム例
> 　　● 動物レース：相互排他
> 　　● シューティングゲーム：メッセージ伝播
> ❹ 音楽演奏：「音楽」 の使い方
> ❺ 並べ替え：アルゴリズム，計算量
> 　　算数の知識が必要で，高学年対象，この中では一番難しい。

これらをどう使うかは，子どもたちの状況と指導者の状態によります。高学年以上の子どもにひと通り教えるなら，順番に教えればよいでしょう。

図形と音楽は，Scratchのような子ども向きのプログラミングでは定番です。世の中には，作図や作曲のための専門的なソフトウェアがあります。そんな専門的なことはできませんが，子どもが遊ぶには十分な機能のあることがわかると思います。これは，一般的な（大学で学ぶような）プログラミング言語でも，そう簡単には作れないものです。

Scratchのコミュニティには，膨大な数のサンプルがあります。また，Scratchのプログラムを紹介して，プログラミングを教える本もすでに多数出版されています。最初の例で基本を学んだあとは，子どもの関心と指導者の判断で適当な例を選ぶのもよいかもしれません。

Scratchを使う——画面の構成

　それでは，Scratch を使っていきましょう。画面は，インターネットのない環境 →lesson 19.2 を用います。すでに lesson 19 で説明したようにインターネットのある環境とは少しだけ違いますが，プログラミングという点では大きな違いはありません。

　各部分について説明しておきます。

❶ ツールバー

　ツールバーには，左からロゴマーク，地球儀マーク，ファイル，編集，チュートリアル，Scratch のプロジェクトといったタブが並んでいます。

　ロゴマークをクリックすると Scratch のバージョンが表示されます。地球儀マークでは使用する言葉を選べます。ファイルは，Sctarch のプログラムを読み込んだり，保存したりします。「新規」を選ぶと，プログラムを新しく始めることができます。チュートリアルは，Scratch の使い方の紹介です。「Scratchのプロジェクト」では，このプログラム（プロジェクトの名前）を表示します。

　インターネット接続環境では，このツールバーも少し異なります。そちらの方の説明は，ここでは省略します。他の書籍を参考にするか，自分で試してみてください。

子どもたちに最初に Scratch を紹介するときには，この初期画面でアイコンやタブを押しながら実際にどうなるか調べていきます。

❷ ブロックパレット

ブロックパレットの上には，コード，コスチューム，音という 3 つのタブがあります。プログラミングに直接関係するのは，コードのタブをクリックしてある場合です。コスチュームと音のタブは，スプライトの見かけ，姿を編集したり，音を編集したりする画面になります。

図で示しているコードタブの場合，その下のブロックパレットには，左欄のコードのグループを示すアイコン（タブ）と，右側のそのグループにあるそれぞれのブロックからなります。左欄の一番下の「拡張機能を追加」 `→ lesson 19.3` は，lesson 14.2, 23, 27 でも述べるように，描画や音楽演奏を含めて，さまざまな機能のブロックをブロックパレットに追加します。

「拡張機能を追加」

ブロックパレットは，ビジュアルプログラミングに特有の機能です。普通のプログラミングでは，これらは，組み込み関数とか組み込みデータと呼ばれるもので，別途，用意されていて名前を使って呼び出します。ビジュアルプログラミングでは，目に見えるブロックになっています。

❸ スクリプトエリア

ここにプログラムを作ります。ブロックパレットからブロックを持ってきて，つなげていきます。プログラムなので，コードエリアという呼び名も使われています。

このプログラムは，右側のスプライト，あるいは，背景ごとに与えます。最初は，ブロックが何もない，プログラムがない状態です。プログラムの作り方や動かし方については，この後で説明します。

ブロックを消すには，右クリックして「削除」を選ぶか，ブロックをブロックパレットに戻します。

❹ ステージ

ステージの上には，左に 2 つ ▶ ●，右に 3 つ ▫ ▫ ✕ アイコンがあります。ステージは，スプライトのステージ，プログラムを実際に動かす舞台です。左端の ▶ を押すと，「旗を押す」というイベントが発生して，が押されたとき が実行されます。通常，これを使ってプログラムを開始します。

● は，停止ボタンです。これを押すとプログラムが停止します。押さないと，スプライトはいつまでも動いていることがあります。

右の 3 つは Scratch の画面の表示形式を変更します。最初は真ん中の青くなっている ▫ 表示ボタンが押された状態です。右の ✕ 全画面表示ボタンを押すと，次の図のようになって，ステージだけが大きく表示されます。

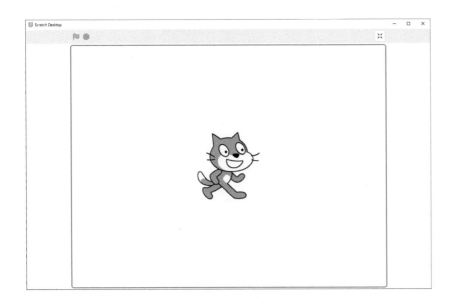

　ゲームのプログラムなどは，この状態で使うことが多いようです。右上の 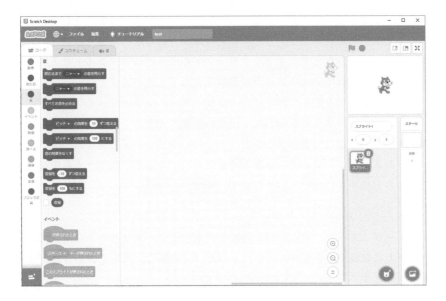 全画面中止ボタンを押せばスクリプトエリアも表示するもとの画面に戻ります。

　表示ボタン群の左の □ ボタンは，下図のようにスクリプトエリアを中心に表示します。大きなプログラムを作るときに便利です。

　Scratch のステージでは x 座標と y 座標で位置を指定できます。xy-grid という背景を選ぶと，次の図のように，ステージの座標が表示されます。左右の x 方向に −240 から +240，上下の y 方向に −180 から +180 までです。スプライトの位置は x座標を 0 、y座標を 0 にする ， x座標を 0 にする ， y座標を 0 にする といったブロックで設定できます。

ステージ上のスプライトの位置を決めるために，背景をまず xy-grid にしておき，位置を決め終わった後で，プログラムで使う適当な背景に切り替えるという方法が使えます。

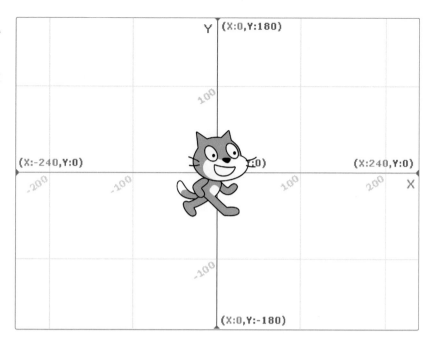

❺ スプライトリスト

スプライトリストには，使っているスプライトが表示されます。最初は，ネコのスプライトだけですが，追加したり削除したりすることができます。スプライトを選ぶと，スプライトのアイコンの枠が青色になって右上にゴミ箱アイコン が表示されます。 をクリックすると，そのスプライトとスプライトのために作られていたプログラムが削除されてしまいます。

スプライトリストの上の部分は，スプライト・インフォ・ペインという別名があるように，スプライトの名前，位置の座標，大きさ，向き，さらに，スプライトをステージ上で表示するかどうかといった情報を示します。

右下のスプライト追加アイコン をクリックすると，スプライトを追加するための方法がメニュー表示されます ⇨ lesson 22.1, 23.1 。

❻ ステージリスト

ステージリストは，使っている背景を表示します。スプライトは複数個がステージ上に登場できますが，背景は１つだけですから，使っている背景だけが表示されます。

次の図のように，背景タブの画面の左側に，これまで使った背景すべてが表示されます。使用中の背景は，青い輪郭で強調されています。

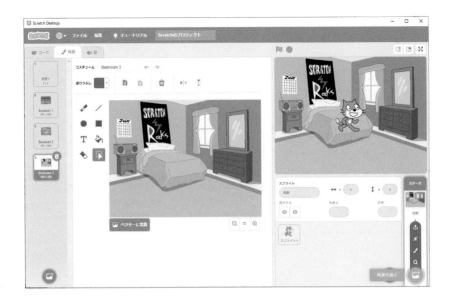

　背景は，「見た目」にあるブロックで背景番号や背景の名前を使って呼び出す（変更する）ことができます。

　右下の背景追加アイコン  をクリックすると，背景を追加するためのメニューが表示されます [→lesson 25.3]。

注
意 ✏ 反応が遅い

デスクトップエディタで Scratch を使っている場合，反応がとても遅い場合があります。Scratch が複数立ち上がっていないかチェックしましょう。Scratch の起動に時間がかかるため，無意識に Scratch を複数個立ち上げてしまっている場合があります。こういう複数個のプログラムが立ち上がると遅くなるだけでなく，どのプログラムを使っていたのかわからなくなることもあり，危険です。確認しておきましょう。

ケーススタディ1：ネコを動かす
――プログラムの基本

ネコを動かす基本動作は次のようになります。

をクリックするとネコが動きます。

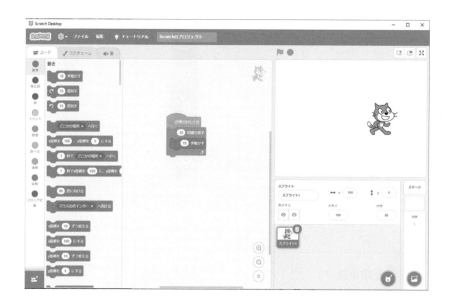

右上の全画面ボタン ⛶ を押して，ステージだけの表示にしても， を押して実行できます。

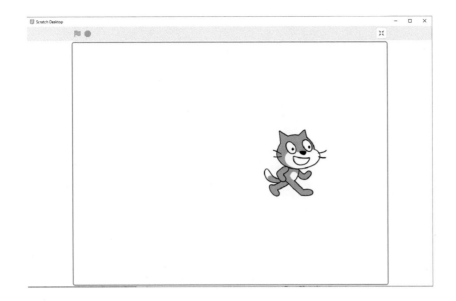

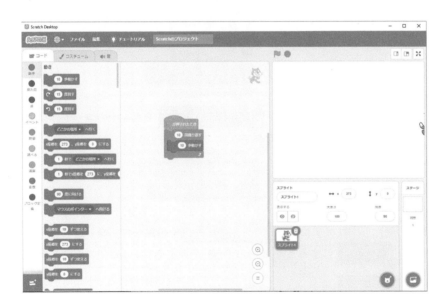

を何回か押すと，ネコが右の端に行ってしまいます。

どうすればネコを真ん中に戻せるでしょうか？

① ネコの尻尾をクリックして押さえ，真ん中にドラッグして（引っ張って）戻す。

② 動きブロック もし端に着いたら、跳ね返る を追加する。

この後に出てくる「ずっと」とこの「10回繰り返す」，そしてこの後の条件文と組み合わせた「まで繰り返す」の3つが，Scratchで繰り返しに使われます。（実は，ブロック定義を使って，「再帰」という繰り返しもあります。）

繰り返しは，コンピュータの基本的動作で，疲れずに何度でも繰り返すことで人間に代わって役に立つようにもなっています。

コンピュータのCPUの中では，繰り返しを実現するために，実行をプログラムの元の先頭に戻すということをします。

③ と を真ん中のコードエリアに置いてスペースキーを押す。

ネコの動作（プログラム）に を追加して，繰り返しを「ずっと」 にすると，「止める」 ⬡ を押すまでずっとネコが動きます。

よく見ると，ここで，ちょっとおかしなことが起こります。ネコが跳ね返ると同時に，上下が逆さまになります。

プログラミングで重要なことは，「プログラムが思ったとおりに動いているかどうかを確かめる」ことです。これを，プログラムの「テスト」といいます。プログラムによっては，思ったとおり動いているかどうかを，それ専用のプロ

グラムで確認できる場合があります。しかし，まだ一般的には，人が確認する
テストの方が多いようです。特に，このような見た目の違いになると，人間の
判断が必要になります。ただし，巨大なプログラムでは，テストの量も膨大に
なります。また，ネット上でのSNSやブラウザなどのソフトウェアでは頻繁に
テストを繰り返す必要があります。このような場合には，テストもできるだけ
自動化する必要があり，そのための努力がなされています。

　プログラミングでは，このように，プログラムの書き方だけでなく，プログ
ラムがきちんと動いているかどうかの確認も重要な作業です。さて，

 このように上下反転するのを防ぐにはどうすればいいでしょうか。

　標準的な回答は次の2つです。

❶　ネコのスプライトの枠の中にある「向き」▶ ⋮ ◀ をクリックし，左右
　　のみにする。

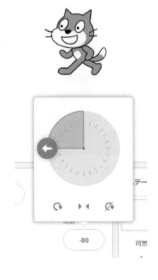

❷　動きブロック  を追加する。

ここで，もうひとつ別の質問を考えてみましょう。子どもたちに尋ねてみても面白いかもしれません。

 どうして，同じことをするのに2つも違う方法があるのだろう？

答え

いろいろな答えが返ってくると思います。重要なのは，方法は1つとはかぎらないこと。他にどんな方法があるかな，と考えることの大切さです。ただし，この場合には次の点に注意する必要があります。  を実行すると，「向き」の方向が左右だけになっています。つまり，「プログラムで実行する」（回答❷）か「手で実行する」（回答❶）かの違いだけなのです。

このように，プログラムの中にやりたいことを書く＝プログラミングするのと，別途プログラム以外の手段でそれを実行するのと，2種類のやり方があることは，よくあります。

ネコの動きをアニメーションらしくするために，見た目 [次のコスチュームにする] をプログラムに追加するとどうなるでしょうか。

「スプライトを選ぶ」画面にして →lesson 22.1，スプライトの上にマウスをもっていくと，そのスプライトが動くことを確かめておくのもよいでしょう。ただし，マウスのないタブレット PC では，この動作ができません。これも，機器の特性に依存することです。

 どこに追加すればいいかな？

答え

 の中ならどこに置いても大丈夫です。

「コードエリア」への移動，大きさなどの変更は，うまくいかない子どもがいないか確認

これでスプライトの動作をプログラミングする基本ができました。▶を使って動作を始めること。繰り返しの制御ができました。ここでは行いませんでしたが，動きブロック [↻ 15 度回す] を使えば方向が変えられます。歩数を変えるとどうなるかなど，他にもいろいろな動作を付け加えて試すことができます。

リンゴを追加

　次に，もうひとつスプライトを加えてみます。マルチプログラミング（マルチプロセス）になります。（これまでの処理は，シングルプログラミング（シングルプロセス）でした。）

　リンゴをスプライトに追加します。（スプライトエリアの右下の 🐱 から選んだ「スプライトを選ぶ」という画面では "Apple" という名前です。）

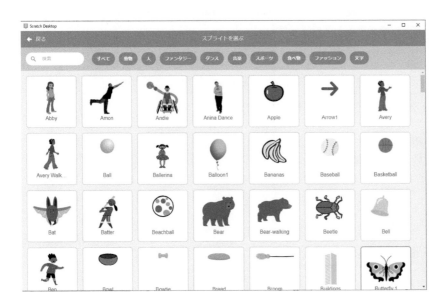

マルチプロセス

　コンピュータの基本モデルは，CPU が１つです。１つのプロセッサで，プログラムを順番に実行していきます。現在の普通のコンピュータの CPU は，マルチコアといって，複数のプロセッサをもっています。このような場合，複数のプロセッサで複数個プログラムを実行することができます。これをマルチプロセスといいます。

　Scratch のようなビジュアルプログラミング言語では，スプライトを使ってマルチプロセスプログラミングがごく自然にできます。

　ケーススタディ１ →lesson 22.1 では，ネコとリンゴという２つのスプライトが，それぞれ独立に動くようにします。これは２つのプロセスでできているマルチプロセスです。ネコとリンゴは同時に動いているように見えますが，実際には交代に動いているのです。

　マルチプロセスの効率的な実現は難しいものです。Scratch の場合には，ひとつには，イベント駆動プログラミング（一口メモ参照），もうひとつには，オブジェクト指向プログラミング（一口メモ参照）というしかけがあるから，マルチプロセスが簡単にできます。一口メモも参考にしてください。

プログラムを起動するしかけにはいくつかの方式があります。Scratch では，イベントに応じてプログラムを起動する「イベント駆動プログラミング」が組み込まれています。プログラムの実行はイベントで始まるようになっており，たとえば， が押されたとき で実行を開始します。

　面白いのは，Scratch ではブロックパレット →lesson21 でもスクリプトエリア →lesson21 でもブロックをクリックするとプログラムを実行する点です。これも「クリックされる」というイベントで実行され，結果が出ます。このように，イベントで目に見える結果がでることがビジュアルプログラミングの特長です。

　オブジェクト指向プログラミングは，プログラム実行の基本単位をオブジェクトという状態と動作とを備えたものにします。オブジェクトには，メッセージが渡されて計算が実行されます。

　Scratch では，スプライトがオブジェクトに相当します。コード（動作）が定義されるということからいえば，ステージもオブジェクトの一種です。

　普通のプログラミング言語では，オブジェクト指向プログラミングを行うために，さまざまな仕掛けを用意していますが，ビジュアルプログラミングでは，ネコのようなスプライトでごく自然にオブジェクト指向プログラミングができます。

　大きさを 50 に変えて，ネコとリンゴの大きさが釣り合うようにします。

　リンゴのスプライトを選ぶと，スクリプトエリアにあったネコのプログラムはなくなり，スクリプトエリアはまっさらになります。これは，リンゴのプログラムが今どうなっているかを表示しています。

　リンゴをネコと同じようにずっと動くようにします。リンゴは，向きを左右に限らなくても大丈夫でしょう。

　このリンゴは，ひょっとすると左右を行ったり来たりするだけになっているかもしれません。リンゴのスプライトの「向き」を変えると画面全体を動くようになりますが，角度によっては決まりきった経路しか動きません。

半角文字と全角文字

　リンゴの大きさを 50 にしたのに，大きさが変わらないという奇妙な体験はしなかったでしょうか。左下の図のような場合です。数字をしっかり見てください。ちょっと横に広くありませんか。正しいのは，右下の図のようなものです。

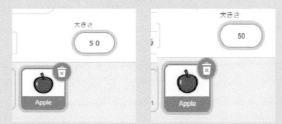

　少しだけ数字の形が違います。日本ではこれを全角文字と半角文字と呼んで区別します。Scratch で数として認識されるのは，半角の数，この場合は，右の図の「50」です。どうしてこのようなことが起こったのかは，文字コード（一口メモ参照）に関するいわば歴史上の偶然で，論理的な帰結ではありません。事実上，こうなっているので，受け入れるしかありません。注意しましょう（詳しくは，次の一口メモ「文字コード」参照）。

文字コード

　コンピュータで言葉を扱えるのは素晴らしいことですが，コンピュータの中で文字は数値として扱われます。このような文字と数値との対応を文字符号体系といいます。各文字に割り当てられた数値のことを文字コードまたは文字符号と呼びます。文字コードが異なると，コンピュータは異なる文字だと認識します。数の「5」には，日本の環境では，半角の「5」（文字コード x35）と全角の「5」（文字コード x2335）の 2 種類があります。見かけも違っていますが，キーボードなどで 5 のキーを押すと，場合によって，どちらかのコードの文字になります。

　コンピュータの中では，全角文字は半角文字とは異なるので，両者を同じとして扱うには，そのようにプログラムが組まれている必要があります。Scratch の場合は，そうなっていないので，全角の数字やアルファベットを入力すると，正しく処理されません。

　リンゴが画面全体を動くようにするにはどうすればいいかな？

　この答えは，ちょっと難しいかもしれません。

❶　向きを変える（動きブロック ↻ 15 度回す を使う）。
　　向きを変えるのは，わずか（たとえば 1 度）で十分です。

❷ 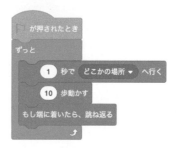 を使う。

こうするとリンゴは不思議な動きをするようになります。

　この「どこかの場所」は，以前の Scratch では「ランダムな場所」と訳されていたことがあります。（実際，英語版ではいまだに "random position" です。）「ランダム」という言葉は子どもに完全に理解させようとすると，確率論をざっと教える必要があって，大変ですが，「サイコロの目と同じようなもの」と言えば，結構，納得するのではないかと思います。

　ついでに付け加えると，このランダムな動きは， [10 歩動かす] よりも速いのです。それは，後で出てくるように，線を描くとよくわかります。乱数で位置を決めそこに動くだけなので，線もすぐに描けます。[10 歩動かす] は，10 歩ずつの移動なので，それだけ手間がかかるわけです。

　ネコとリンゴとが両方，独立に動いています。ネコがリンゴにぶつかる（リンゴを捕まえる）と何かするようにしましょう。たとえば，「リンゴだ」と言うよう

にするにはどうすればよいでしょうか。子どもたちに聞いてみましょう。

 「ネコがリンゴを捕まえたら リンゴだ と言うようにするにはどうすればいいかな？」

コードの中の「調べる」というカテゴリが役に立ちます。

マウスのポインター ▼ に触れた （英語だと touching mouse-pointer ? ）というブロックを使います。「触れる」と「捕まえる」、「ぶつかる」というのは言葉としては違うのですが、プログラミングでは、どれも同じ意味として使います。

モノとモノとが触れると、片方が手だったら、手応えがありますが、コンピュータのスプライトどうしではそうした手応えが発生することはありません。コンピュータのプログラムが、2つのスプライトが「触れたかどうか」を調べて、触れている場合には、 マウスのポインター ▼ に触れた というブロックにイベントを通知するのです。

子どもたちが小学校の高学年なら、「『に触れた』ってどんなことかな？」、と尋ねてみるのも面白そうです。Scratch のなかで実際に行われていることは、スプライトの画像同士が重なる、どこかの座標で両方の画像が重なっているということを指しています。決して、目で見て「端と端が触れた」という状態だけを意味しているのではありません。「画像に重なりがある」ことを意味しているということが重要です。（だから、画像を大きくすると触れる確率が増えます。）

リンゴだ と言う ブロックは、「動き」の中にはなくて、「見た目」の中にある こんにちは！ と言う というブロックを使います。「と言う」のが「見た目」というのはおかしな感じもしますが、ステージに リンゴだ という吹き出しが出るので、「見た目」の一部だと納得してください。コンピュータには、こういう、常識からするとちょっとおかしな、論理的でない部分があることも面白いところです。

触ったら「リンゴだ」と言うようにするためには、制御の もし なら というブロックを使います。繰り返しの制御ブロック、「10回繰り返す」や「ずっと」に似た形ですが、「もし」と「なら」の間のひし形のような六角形 が重要です。ここに「調べる」のブロックが入ります。

この もし なら ブロックは、一般のプログラミングでは「if … then …」という形で知られていて、「if文」や「条件文」とも呼ばれます。何らかの判断をして、それに応じた処理をするところです。

「触れたら『リンゴだ』と言う」ブロックは、スプライトエリアでネコを選択したときに表示されるスクリプトエリアに置きます。

プログラミングでは，「もし … ならば」という条件文に示される，条件を調べて，成り立っていれば A をして，成り立っていなければ B をする，という操作を条件分岐といいます。条件分岐は，プログラミングの基本操作です。条件は，複雑な場合もありますが，きちんと並べてチェックすることが重要です。

CPU の中では，数が同じか，大きいか，小さいかが基本的な判断になり，その後は，実行処理のプログラムにジャンプすることで判断処理をします。昔使われていたプログラミング言語では，そういう実行箇所へ行くための GOTO 文という命令が用意されていました。最近のプログラミング言語では，条件分岐は，このような if 文か switch 文，あるいは，もっと高度な処理で表されるのが普通です。

ここで少し注意するのは，「見た目」の中には ◯ と言う と ◯ と 2 秒言う という 2 つのブロックがあることです。どちらを使うとよいのでしょうか。そもそも，この 2 つのブロックはどこが違うのでしょうか。こういう場合には，「見た目」の中にあるそれぞれのブロックをクリックして，ネコがどう言うか調べるのが一番確実な方法です。

違いがわかったでしょうか。 ◯ と言う ブロックの場合，言葉がずっと残ったままです。 ◯ と 2 秒言う の場合は，2 秒立つと言葉が消えます。

今回の場合には，以下のように リンゴだ と 1 秒言う とするのが一番よさそうです。（Apple がリンゴのスプライトだというのはわかりますね。）

これで思い通りに動くようになったでしょうか。細かく見ていると，ネコがリンゴに触れた後，少し止まっているのがわかったかと思います。 リンゴだ と言っている間，ネコが止まるんですね。1 秒というのが結構長いということもわかります。喋った後，止まらないで動くにはどうすればいいでしょうか。そうです，たとえば， リンゴだ と 1 秒言う の数値を「0.1」に変えればよいのです。数値をいろいろ変えると，動きが変わるのがわかります。（小さくすればよいというものではありません。「0.01」にすると，今度は喋ったのがわかりません。）

22.2 リンゴを数える（変数を使う）

　これで，プログラミングの基本的なことが大体できたのですが，時間に余裕があれば，少しゲーム的な要素も含めて，リンゴを捕まえたら，その個数（回数？）を数えるようにしたいと思います。

　数を数えるというのは，コンピュータの基本的な操作です。Scratch では，「●変数」というものを使って，数を表すことができます。

　「コード」タブの中にあるグループで，「●変数」を選ぶとその下に 変数を作る という枠があります。ここをクリックすると次のような画面になりますので，変数の名前を入れて，OK をクリックします。

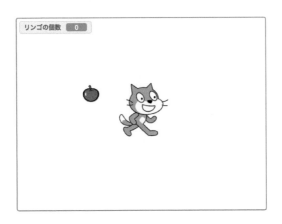

　変数を作ると，コードブロックに作った変数が追加され，ステージの左上に変数の名前とその値が表示されます。最初は，まだ 1 つも触っていないので，変数の値は 0 です。変数には， 変数 ▼ を 0 にする ， 変数 ▼ を 1 ずつ変える ，
変数 変数 ▼ を表示する ， 変数 変数 ▼ を隠す の 4 つのブロックがあります。それぞれの働きは，ブロックをクリックするとわかるはずです。

　変数はその値とともにステージの左上に表示されます。

　見ただけではその働きがわかりにくいのは， 変数 ▼ を 1 ずつ変える というブロックでしょう。これは「1 ずつ増やす」働きをします。（減らすにはどうすればいいかは，小学生にはちょっと難しいでしょうね。中学生なら，「−1 ずつ変える」にすればよいとわかるはずです。）

　さきほどの リンゴだ と 1 秒言う ブロックを リンゴの個数 ▼ を 1 ずつ変える というブロックに置き換えれば，リンゴの個数を数えられそうです。やってみましょう。

　さあ，どうでしょうか。「リンゴの個数」という変数の値がどんどん増えていくと思いますが，ちょっとおかしいと感じないでしょうか。増え方が大き過ぎます。

　気をつけて見ていると，1 回触れただけで個数が数個になっていることがわかります。どうしてそんなことになるのでしょうか。どうすればよいでしょうか。

　この現象は，lesson 22.1 で述べた「触れる」ということの話に関わります。（ぜひ，どうしてなのか，自分で考えてみてください。）

　大きさのあるスプライト同士の「触れる」は，画像が重なっているということだというのが答えです。つまり，この「ずっと」という繰り返しが数回続く間，ずっと画像が重なっている＝触れているからなのです。最初に触れたときに 1 つ増やして，その後は，一度離れるまでは増やさないようにしないと普通の感覚にあいません。

プログラムが正しく動いているかどうか，それは実際に使う人が正しいと思う動きをしているかどうかなのです。（触れる＝画像の重なり，と解釈すれば，このプログラム自体は別におかしくはないと言うことができます。）

ともかく，初めて触れたところで1回数え，その後は離れるまで回数を足さないようにしないといけません。それにはどうすればいいでしょうか。

プログラミングとしてはいくつかの解決法がありますが，Scratch らしい解決法は， まで待つ という制御ブロックを使うものです。すなわち，次のように「リンゴに触れなくなる」＝「リンゴから離れる」まで待つというものです。ここで，ではない というブロックは「演算」にあります。

待ち時間が入るので，ネコの動きがちょっとおかしくなりますが，リンゴの数の増え方は，かなり自然なものになったと思います。

この後は，リンゴをどれだけ多く捕まえられるかとか，リンゴを的にしたシューティングゲームを作るとか，いろいろな発展形態があるでしょう。

22.3 ここまでで学んだプログラムの基本要素とこの後の学習

ここまでに lesson 22 で行ったプログラミングの内容をまとめます。

❶ プログラムは，スプライトの動きを指示します。

❷ プログラムは， というようなイベントで開始します。実行するブロックがなくなるか，⬢ アイコンがクリックされるまで実行を続けます。

❸ 一連の動作を繰り返すには，制御ブロックのなかにある「繰り返し」を使います。回数指定，条件指定，ずっとの3種類があります。

❹ ある条件の場合に行う動作は，制御ブロックのなかにある を使います。

❺ 数を数えるには，変数を使います。

これらは基本的に，ビジュアルプログラミングに限らず，プログラミング全般に言えることですから，これから先に他のプログラミング言語を学ぶときにも役立ちます。

その他に，ビジュアルプログラミング，特に，Scratch に特有のスプライトの性質や，調べる動作の判定がどうなっているかを説明しました。「プログラムの動作が自分の思っていたとおりかどうか」を確かめること，「なぜこんな動きをするのだろう」と考え，「こうするとどうなるかな」と調べていくことが重要です。

プログラミングの基本を教えたあとは，その次をどうするかが問題になります。方向は，基本的に次の3つです。

❶ もっと複雑なプログラミング技法を教える。代表的なのは，ブロックの定義と再帰，リスト（lesson 27，一口メモ参照）を使ったデータの配列の扱い方など。

❷ Scratch（に限りませんが）のもつさまざまな機能，たとえば，線や図形を描く，音楽を演奏するなどの機能の使い方を教える。

❸ 「lesson 16 教材」で述べたような目標到達型の課題に挑戦する。たとえば，簡単なゲームを作ってみる。

もちろん，これらのほかに，プログラミングを楽しむ，という方向に変えて，子どもたちにやってみたいことを聞く，リクエスト方式もあります。

本書では，Scratch の興味深い機能である図形の描画や音楽演奏，目標到達型として簡単なゲームの作成，さらに，プログラミング技法としてアルゴリズムの教材によく使われる，数を大きさの順に並べる整列（プログラミングではソーティングと呼ぶ）の例を取り上げてみます。読者の皆さんが教える場合の参考になれば幸いです。

lesson 23 ケーススタディ2：図形を描く ——ブロックの定義

Scratch を作った米国のマサチューセッツ工科大学（MIT）のメディアラボという研究施設では，1970 年代から Turtle Graphics という子ども用のプログラミングの研究開発が行われていました。今風に言えば，お絵描きロボットのようなものです。Scratch もその流れを汲んでいますから，お絵描きの機能が備わっています。

Turtle の例
出典 Wikipedia（Turtle
（robot））

ただし，画面左下の「拡張機能を追加」⇒lesson 21 の中から「ペン」🖋 を選んでコードメニューに追加する必要があります。拡張機能には，ペン以外にもいくつも機能があり，子どもによっては，そちらに興味をひかれる場合があります。この拡張機能選択で時間をとられるのが心配なら，前もって拡張機能のペンを選んでおくことです。

23.1 多角形を描く

描画のときに，ネコのスプライトは，そのままでは大きくて線がよく見えま

せん。大きさを 10 くらいにして小さくして使えばよいのですが，ここでは新たに点のスプライトを作ってみることにします。

❶ 点のスプライトを作る

　スプライトの作り方には既存の画像を使うやり方と，自分で描くやり方とがあります。ここでは適当なスプライトがないので，自分で作ります。スプライトペインの右下のスプライトアイコン 🐱 の上にマウスなどをもっていくと次のようにメニューリストが表示されます。下から 2 番目にある「描く」というメニューを選びます。

　すると次のようにコスチューム描画の画面が表示されます。

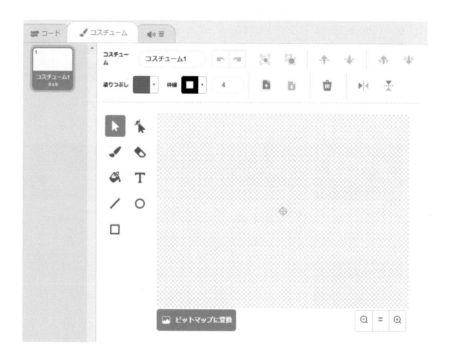

　お絵描きソフトを使った経験のある人には予想のつくメニューが左にあります。デフォルトでは，左欄上の「矢印」が選ばれています。その下にある筆のアイコンを選び，細かい格子模様のキャンバスの真ん中の十字にマウスをもっていってクリックすると点ができます。次のようにステージ上にも表示されます。

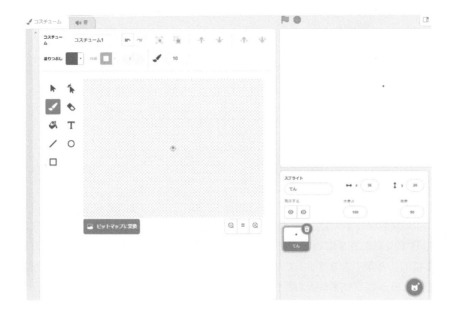

上の図では，ネコのスプライトを削除し，「てん」という名前をスプライトに付けています。

> スプライトの追加や描画は，子どもが興味をもつところです。そのため，ここで横道に逸れてしまう子どもがいます。時間に余裕があれば，スプライトにさまざまなものがあることや，スプライトの作り方を詳しく説明してもよいでしょう。逆に，時間が厳しい場合には，新たなスプライトは作らず，ネコのスプライトの大きさを 10 にして見やすくします。

❷ 正方形と三角形

この「てん」のスプライトで，図形を描きます。左下隅の「拡張機能の追加」から「ペン」を選びます。「ペン」のグループから，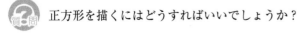などをコードエリアにもってきておくと，図形をもう一度描画したり，線の色を変えたりするのに便利です。「ペンを下ろす」，「ペンを上げる」は一度実行すれば，その効果はずっと続きます。もちろん，ペンの上げ下げは，コードが書かれているスプライトに対してだけ有効です。ペンを下した状態で，「てん」を動かすと，線が描けます。ネコの場合と同様に，ずっと動かせば，ずっと線を書いていきます。

正方形を描くにはどうすればいいでしょうか？

図形のことがわかっている高学年の子どもなら，答えをすぐ見つけるでしょう。たとえば，50 歩動かす，90 度回す，という動作を 4 回繰り返せばいいわけです。

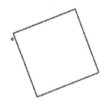

　このプログラムでは，「てん」の現在の向きの角度をそのまま使い，右回りに90度ずつ回転させています。▶を押すたびに毎回，同じ位置に，同じ正方形を描くことができます。「てん」の位置を変えたり，角度を変えるとどうなるでしょうか。プログラムの「100歩」を変えると正方形の大きさが変わります。「−100歩」にするとどうなるでしょうか。いろいろと試してください。

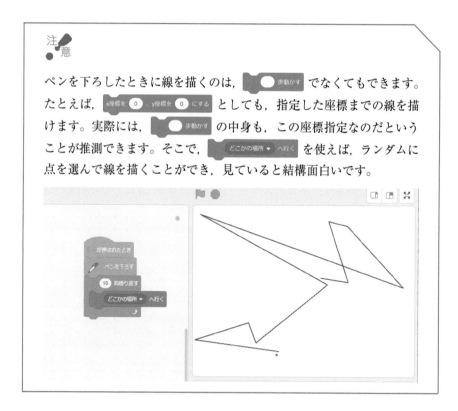

　注意

　ペンを下ろしたときに線を描くのは， 歩動かす でなくてもできます。たとえば， x座標を 0 、y座標を 0 にする としても，指定した座標までの線を描けます。実際には， 歩動かす の中身も，この座標指定なのだということが推測できます。そこで， どこかの場所 へ行く を使えば，ランダムに点を選んで線を描くことができ，見ていると結構面白いです。

　それでは，

 正三角形を描くにはどうすればいいでしょうか？

　正三角形の内角が60度だということを知っているので，「60度回す」で「3回繰り返す」とした人はいないでしょうか。それだと，六角形のちょうど半分を描くことになります。正しい答えは外角を使い，「120度回す」です。

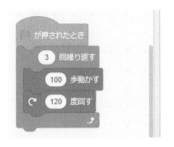

　では，八角形だとどうでしょうか？　360 ÷ 8 ＝ 45 度だということがわかった人もいるはずです。「lesson 22.2 リンゴを数える（変数を使う）」で使った変数を使うと次のように，九角形を含めて，好きな n 角形を作ることができます。

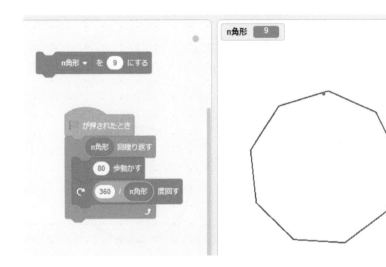

　この場合，上の というブロックは　　　　　　　　の下にくっつけてもよいし，このように離しておいても，どちらでも大丈夫です。変数の値を，他の数字に変えて，試してみましょう。「●変数」は，こういう使い方もできるのです。七角形でも，十三角形でもこれで作れます。

> 注意
>
> 数を使って，このように計算するところは，低学年の子どもには難しいかもしれません。このシナリオは，高学年中心で，数や図形の応用問題を兼ねるのがよさそうです。

23.2　円 と 色

　多角形を作る角度をもっと小さくしたらどうなるでしょうか。たとえば，360角形を作るとどうなると思いますか？　注意しないといけないのは，動かす歩幅を小さくしないと画面をはみ出してしまうことです。

歩幅を1にしたらどうでしょうか？

　Scratchのステージの解像度だと，360角形は円と見分けがつきません。（実は，ディスプレイの画面も画素と呼ばれる小さな点から成り立っています。）

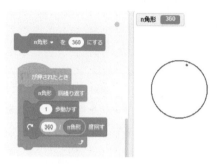

　ここでちょっと面白いことをしてみましょう。ペンのブロックに「ペンの色を1ずつ変える」というのがあります。ペンの太さを大きくし，色を変えながら2歩動かす（2倍の大きさ）円を描いてみましょう。

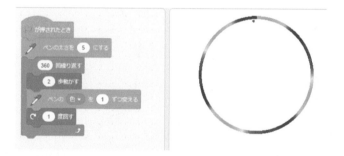

　きれいな円が描けました。

　ここで，ペンではなく，Scratchでスプライトを画面に印刷するスタンプ機能を使ってみましょう。まず，円のスプライトを下図のように描画します。

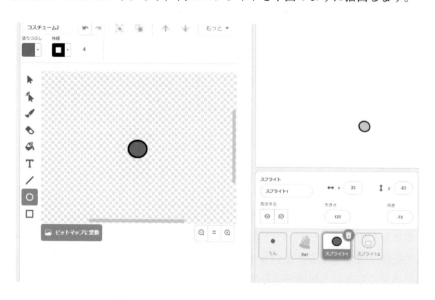

スタンプ機能の場合は，ペンの色ではないので，「見た目」の中の「色の効果を10ずつ変える」というブロックを使います。「ペンを下ろす」ではなく「スタンプ」で描画します。同じような色の変化を楽しめます。

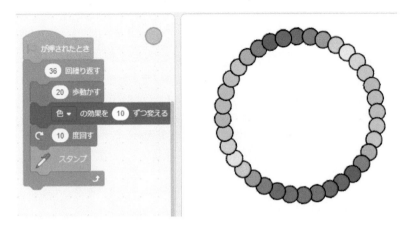

スプライトを違ったもの，たとえば大きな輪っかにすると，別の模様が作れます。

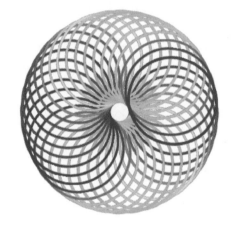

このようなプログラムは，子どもの興味を引くものですが，Scratchというシステムの特性に依存しているので，他のプログラミング言語では使えません。たとえば，上の図形では，コスチュームにしかけがあります。

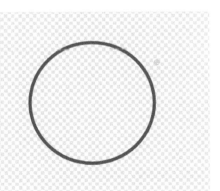

ソフトウェアエンジニアリング

「ソフトウェアエンジニアリング」は「ソフトウェア工学」とも呼ばれます。ソフトウェアをどのように作り，どのように管理するかという問題を扱います。

通常扱うのは，大規模なソフトウェア，多数の人間が作成に関与するソフトウェアについての問題です。有名な例に，ソフトウェアの作成が予定より遅れたとき，作業する人を増やすと何が起こるかという問題があります。大規模なソフトウェアの場合，作業を速くするためにたくさん人を増やすとかえって作業の進行が遅くなることがあります。ソフトウェアの構造や，ソフトウェアを管理するシステムが人を増やしてもうまくいくように作られていなかったためです。また，プログラムの作り方についても研究します。たとえば，他の人が読んでわかるように，また，プログラムが正しいか不具合がないかがよくわかるようにする作り方を考えます。

専門のプログラマには，プログラミングの知識と技能だけでなく，ソフトウェアエンジニアリングの基本的な知識と技能が必要です。

このコスチュームは，作図する枠の中心からわずかにずれています。そのために，10度ずつ回すことで，きれいな模様が描けるのです。（中心に一致していると，どうなるか考えてみてください。）

スプライトそのものが，Scratch のようなビジュアルプログラミングに特有のものです。「色の効果」などが最初から用意されているので便利ですが，一般的なプログラミング環境でも用意されているとはかぎらないので注意が必要です。

現在使用しているシステムだけの特別な機能を使うと，ソフトウェアエンジニアリングの観点からは，他の人にわかりにくく，不都合が生じたときに問題になります。きちんと注釈なり，説明をしておくことが重要です（一口メモ「ソフトウェアエンジニアリング」参照）。

 ブロックを使う——再帰

「lesson 23.1 多角形を描く」のプログラムをもう一度見直します。

Scratch には「自分のブロックを作る」という便利な機能があります。普通のブロックの他に，自分でブロックを作ることができます。コードのメニューの一番下に「ブロック定義」というピンクのグループがあります。変数の場合と同じように，すぐ下に ブロックを作る という四角がありますから，ここをクリックすると，自分用のブロックを作ることができます。

たとえば，「辺の長さが m の正 n 角形を作るブロック」を作ることができます。普通，このように自分用のブロックを作ることを，「ブロックを定義する」といいます。「定義」という言葉は，子どもには少し難しいかもしれませんが，プログラミングでは，何かまとまったものに名前をつけて，その後でいろいろと使うためによく行うことです。

をクリックすると次のような画面が出てきます。

　上にブロックがあり，名前をつけられるようになっています。下の方に，「引数を追加　数値またはテキスト」，「引数を追加　真偽値」，「ラベルのテキストを追加」という3つの箱があります。

　引数（一口メモ参照）というのは自分のブロックで使う材料だと思えばよいでしょう。「動き」グループの 10 歩動かす を思い出しましょう。10という数字の入る，白地の楕円形がありましたね。あれが「引数」です。この自分で作るブロックというモノは，他のプログラミング言語でも基本となるモノです。呼び名は，手続き（プロシージャ），関数，メソッド，古い呼び名では，サブルーチンあるいは副プログラムというものもありました。

　引数という言葉は，「引き渡す数」（関数の場合）ということで，英語では，argumentやparameterと呼ばれます。定義したブロックが仕事をするために必要な情報あるいは材料です。

　たとえば，ブロックの名前を「正多角形」とします。「N角形」を書きたいので，引数に「N」を使います。その次にわかりやすいように，ラベル「角形

一口メモ　引数と関数

　関数については，中学校で学んだと思います。変数の値を変えると関数の出す値も変わります。その関数に与える変数のことを，プログラミングでは引数（英語ではargumentとかparameterとか呼びます）といいます。このScratchのブロックは関数に相当するものです。少し厳密にいうと，関数よりはむしろプロシージャ(procedure，「手続き」という意味)という種類になります。

　普通のプログラミング言語では，引数がどんなものかを「型指定」というもので与えます。数・文字列（テキスト）・真偽値などという引数の種類をその型指定で示します。Scratchの場合は，この ブロックを作る で示すように，作成時に選択するようになっています。

　引数そのものは，変数と同じ扱いですから，Scratchの場合も変数のところに現れてきます。

辺の長さは」を追加します。最後に「長さ」という引数を追加します。

これでよければ，OK を押します。ブロック定義の画面が閉じて，下のように
なります。

　作ったブロックには，引数部分が空白のブロックができており，コードエリ
アには，「定義」で始まる上が平らな帽子形のブロックができます。
　ここで，変数を使って N 角形を作るプログラムを作ったのと同じようにして
定義の下にプログラムを作ります。

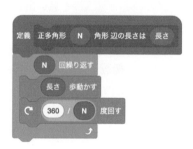

　前は，イベント でプログラムが始まりました。今度は，この「正多
角形ブロック」が使われた（「呼び出された」といいます）場合に，プログラム
が始まるわけです。このブロックを使うには，作ったブロックをコードエリア
にもってきて，引数に値をセットします。

一口メモ　**真偽値**

　Scratch のブロックの中には，「もし…」の部分に入れることができる菱形をした「真
偽ブロック」というものがあります。条件分岐で使うわけですが，この真偽ブロックを実
行して返される値が真偽値です。
　真（true）または偽（false），どちらかの値をとるので，真偽値と呼ばれます。この真偽値
の演算規則について研究した George Boole という研究者にちなんで，bool 値や Boolean
などと呼ばれます。日本語では，論理値という呼び名も使われます。

ブロックをクリックすれば，結果は次のようになります。

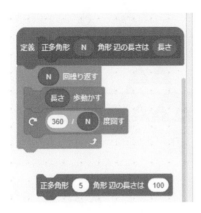
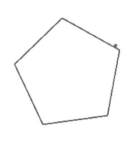

「ブロックの定義はわかったけれど，何かよいことがあるのかな？」という
声が聞こえてきそうです。次のような「シェルピンスキー」というブロックの
定義をみてください。

シェルピニスキとも表記
される19世紀から20世
紀にかけて活躍したポー
ランドの数学者。集合論
の研究者でしたが，この
シェルピンスキーのガス
ケットと呼ばれるものを
含めて，フラクタル曲線
の研究も行いました。

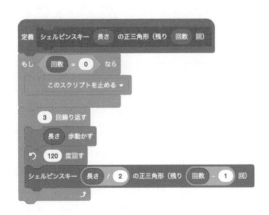

　プログラミングの現場では，つまり，プログラマになったら，このように他
人の書いたプログラムを読む機会があります。いや，むしろ，作業の大半は，
自分のプログラムを含めて，人の書いたプログラムを読むことに費やされると
いってもよいでしょう。
　このシェルピンスキーというプログラムでは，真ん中で正三角形を描いてい
ることがわかります。
　重要なのは，最初に，回数が0なら終わりにしていることと，最後に，長さを
半分，回数を1減らして，もう一度，このブロックを呼び出していることです。
　つまり，三角形の中に辺の長さが半分の三角形を次々に書いています。どう
なるのか，やってみましょう。次のように長さを350，回数を7にしました。

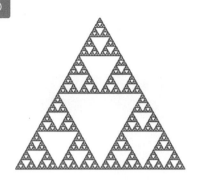

シェルピンスキー 350 の正三角形（残り 7 回）

6 回にした図と，8 回にした図も示します。

[6 回] 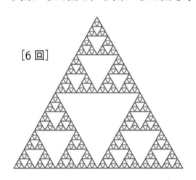　　　[8 回]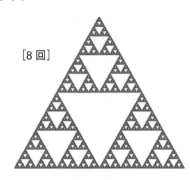

フラクタル（fractal）という言葉は 1982 年に数学者マンデルブロが初めて使いました。部分と全体とが相似形になっている図形を指します。
自然界には海岸線のようにフラクタル図形が数多くあります。そこで，アニメーションなどでは，フラクタルを使って効率的に背景などを描くようにしています。また，「フラクタル日除け」のように工業製品にも応用されています。

6 回と 8 回でもほとんど差がないですね。 360 角形が円と区別つかないように，Scratch のステージの解像度では区別がつかないようです。

この図形は，シェルピンスキーのガスケットと呼ばれるフラクタル図形を線で示したものです。本来の「シェルピンスキーのガスケット」は，正三角形の中点を結んだ三角形を次々と切り抜いていきます。この複雑な形が，こんな簡単なプログラムで実現できることを不思議に感じませんか。シェルピンスキーのガスケットを上・右下・左下の 3 つに分けると，そのそれぞれが全体とまったく同じ形をしています。この「部分の中で全体が繰り返される」という構造を「再帰的な構造」と呼びますが，実はこれを描くプログラムも「ブロックの定義の中でブロックを呼び出す（使う）」という「再帰的な構造」をもってい

一口メモ　解像度

　PC，Chromebook，タブレットなどの画面では，テレビの画面と同様に，解像度が重要です。解像度は，点や線をどれだけ細かく表示できるかを示します。

　普通の画面（ディスプレイ）では，1280 × 960 くらい，高解像度のものでは 1920 × 1080 くらいでしょうか。4K テレビでは，3840 × 2160 にもなります。

　しかし，Scratch で描画する場合，Scratch で扱えるステージ画面の解像度が問題になります。これは，座標の大きさ 480 × 360 になります。したがって，Scratch で画像を処理する場合には，この限界を心得ておかねばなりません。

再帰という言葉は，英語の recursion の翻訳です。プログラミングでは，Scratch のブロックでのようにプログラムを定義している部分で自分自身を呼び出すようにしておくと，実行のときに，自分自身を呼び出します。

数学では，数列の漸化式や数学的帰納法などでよく使われる方式です。たとえば，フィボナッチ数列は，前の 2 項の和として定義されますが，$\mathrm{fib}(n) = \mathrm{fib}(n-1) + \mathrm{fib}(n-2)$ という式は，再帰呼び出しが 2 つもある定義になっています。

フラクタル構造が自然界によく見られる構造であるのと同じように，再帰構造もまた自然界によくみられる構造です。

す。再帰は，プログラミングで非常に重要な方法です。

23.4 このケーススタディで学んだことのまとめ

この図形を描くケーススタディでは，多くのことを学んでいます。また，いろいろな方向に発展させることができます。ここでまとめておきましょう。

❶ いわゆる「お絵描きソフト」とは違う

最初に，「お絵描き」といいましたが，プログラムで線を描くのは，スプライトや背景のお絵描きとは違います。

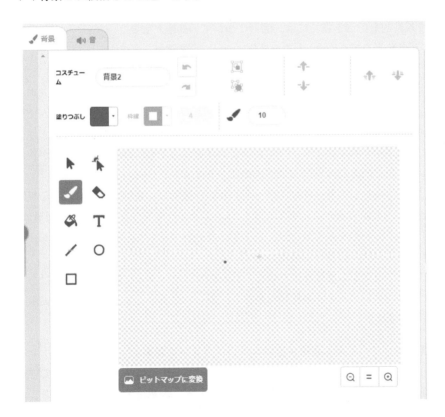

　　┌──┐
　　│一口│　ビットマップ
　　│メモ│
　　└──┘

　上のコスチューム作成のお絵描き画面の下に「ビットマップ」という言葉が出てきます。本書の内容とは直接関わりませんが，説明しておきます。

　コンピュータの画像の保存の仕方はさまざまです。代表的なものがビットマップとベクトルです。ビットマップは，画像を構成する点の色や輝度などを指定するものです。ベクトルというのは，画像を構成する線を指定します。大きな違いは拡大縮小や変形操作にあります。線で構成すれば，画像の拡大縮小が自然にできます。また，保存する情報量が一般にビットマップより少なくて済みます。ビットマップの場合，拡大縮小する場合には，何らかの補間処理を行わないといけません。場合によると情報が欠落する危険があります。

　他方，描画速度などを考えるとビットマップの方が速くて確実です。そのため，ビットマップとベクトルの両方の保存方式を提供しているソフトウェアが多いのです。

　図の左側にあるツールのようなお絵描きの機能は，さまざまな描画ソフトに共通して用意されています。基本的には，キャンバス，画用紙が用意されていて，そこに自分の好きな絵を描く用意ができています。

　このケーススタディのお絵描きは，スプライトを動かして，その軌跡を線で表現するというものです。動きはプログラムで与えます。手で描くのとは違う図形を描くことができます。たとえば，シェルピンスキーのガスケットなどは，とても手では描き切れません。一方で，手で描くようなさまざまなことができるわけでもありません。

❷ 規則的な図形を描くには，図形についての知識が必要

　正多角形を描くには，内角や外角についての知識が必要です。プログラミングをするために，算数や国語，あるいは社会や理科の知識が必要になってきます。

　これは，ビジュアルプログラミングにかぎらず，一般的なプログラミングの場合でも同様です。宇宙へ飛び立つロケットの制御システムもプログラムで動いていますが，そのプログラミングには，ロケットや宇宙についてのさまざまな知識が使われています。プログラミングをするためには，プログラムが使われる分野での多くの専門知識が必要になります。

　「シェルピンスキーのガスケット」という図形で，複雑な図形を簡単な規則で作ることができることを学びました。このようなフラクタルという図形は，自然界の雲の形や木の葉など，さまざまな分野で見られ，実際にコンピュータグラフィックスの世界で活用されています。

　単純な規則から複雑な図形が作られるのはフラクタルに限ったことではありません。コンピュータの複雑な動作も，限られた基本となる電子回路で実現されています。

❸ ブロックの定義と再帰は重要なプログラミング要素

　Scratch の「ブロック」にあたる機能は，プログラミング言語によって呼び名が変わります。サブルーチン，プロシージャ，関数，メソッドなど，さまざ

まな呼び方がありますが，どれもプログラムの一部を1つにまとめて，引数と呼ばれる要素を与えて呼び出し実行します。

　この1つにまとめて呼び出すという機能は，大きなプログラムを作るためにはなくてはならないものです。数学では，定理というものがあって，その定理の正しいことが証明できれば，その証明済みの定理をもっと複雑な証明に使うことができます。ブロックはそれと同じ働きをしています。

　この仕組みによって，より複雑で大規模なプログラムを作ることができます。プログラムが知的財産と呼ばれるのは，このようにプログラムがさまざまに活用できることを考えると当然に思えます。

❹ 色の扱い方――色空間，色パレット

　Scratch での色の扱い方は，ちょっと面倒です。このケーススタディでは，次のブロックを使いました。

　色には，0 から 200 までの数値が与えられるのですが，数値と色の関係がそのままではわからないので，さまざまな値を入れて確かめる必要があります。

　次の色指定のブロックはどうでしょうか。色の部分をクリックすると色パレットが出てきます。

　レバーを動かして，色を選べます。色（色相）の他に鮮やかさや明るさという指標があることもわかります。これらをプログラムで指定することはできるのでしょうか。

　Scratch の場合，この種の処理に関する公式文書が出ておらず，ネット上のさまざまな情報を参照しながら自分で調べるしかありません。

　わかっているのは，0x という 16 進数の指定で，RGB（赤緑青）を設定することができて，そのほかに鮮やかさも指定できるということです。

　指定方法は，このペンの色の○のところに数値を設定することです。

16 進数で鮮やかさが 00 から FF（10 進数で 255），次が赤，緑，青と続きます。あわせて 16 進数で 8 桁の数を指定します。

　たとえば，次のようなプログラムで，色の具合を調べることができます。

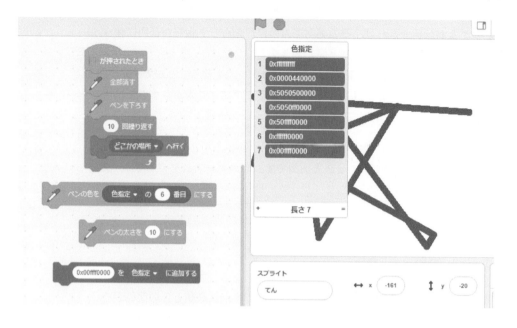

ケーススタディ 3：簡単なゲーム
——プログラムの設計とユーザインタフェース

　プログラミングで大切なのは，そもそもプログラムを書く前に，何をどのように プログラミングしたいかを前もって検討することです。そうしないと，作ったプログラムに手直しする作業が長々と続いて，どこで終わるのかわからない羽目になることがあります。

　lesson 25 と 26 のケーススタディ 3 では，子どもたちが簡単なゲームを作るという目標到達型のプロジェクトを考えます。大切なことは，ゲームを作ること自体が目的ではないということです。目的はプログラミングを学ぶこと，体験すること，面白さを感じることです。目標到達型だからといって，目標に到達できたかどうかが学習の程度と直結するわけではありません。

　最初に，どんなゲームにするかを考えるわけですが，この場合，教える立場や遊ぶ立場で評価の軸が変わってきます。

　たとえば，lesson 25 の「動物レース〈ゲーム例 1〉」は，非常に簡単なつくりのゲームですが，子どもは結構喜びます。ただし，キーボードの部分にかなりの力が加わるので，壊さないように気をつける必要があります。

　他方，lesson 26 の「シューティングゲーム〈ゲーム例 2〉」は，ケーススタディ 1 に出てきた「触る」の延長でいろいろな応用・発展の形があります。プログラムとしても工夫が必要で，すぐには思い通りにならないかもしれません。

　ゲームの中には，将棋やチェス，囲碁やオセロ，もう少し簡単なのは，五目並べ，コネクトフォー，三目並べなどの盤面ゲームなども定番です。

　本格的なコンピュータゲームを作るのは，今では 1 つの産業ですから，1 人

一口メモ　失敗プロジェクト

　目標に到達できたかどうかが，プロジェクトの価値を決めるわけではないというのは，このようなビジュアルプログラミングに限ったことではありません。研究開発プロジェクトにおいても，目標には到達できなかったが，その後の研究開発に大きく寄与したプロジェクトが多数あります。有名なのは，1970 年代の Xerox Palo Alto 研究所のパーソナルコンピュータプロジェクトです。現在の iPhone につながる数々の技術が生み出されましたが，商業的には失敗でした。あるいは，現在のコンピュータシステムの原型を作った 1960 年代の MIT, GE, ベル研の Multics プロジェクトがあります。Unix など現在の OS のもととなる土台が開発されました。

　成功と失敗とは簡単に決めることはできないのです。

でできるようなものではありませんが，ゲームを作るときには，簡単なものでも，1人で遊ぶのか，複数の人間で遊ぶのか，どんなゲームにするのかをよく考えておく必要があります。

一般的には，現在どんなゲームがあるのかを調べて，作りたいゲームの見当をつけます。教える立場では，簡単に教えることができて，子どもたちが喜んでくれるものが望ましいのですが，子どものほうでは，別の受け取り方があるかもしれません。

プログラミングクラブのようなところでは，子どもたちにゲームを考えさせるのも面白いでしょう。パソコンが発明された初期の頃からプログラミングとゲームとのあいだには密接な関わりがありました。

ビジュアルプログラミングのコミュニティサイト（たとえば https://scratch.mit.edu/）には，スクラッチを使って書いた世界中のゲームがたくさん載っています。日本語のプロジェクトもあります。これらの公開されているプログラムは，基本的に安全なはずですが，「lesson 10 セキュリティ」でも述べたように，危険性はあらゆるところに潜んでいます。信頼できるユーザのもの以外は，下手に動かさないほうがよいでしょう。あるいは，使うときには，インターネット接続を切り，まずいことが起こっても大丈夫な状態にして試すことです。

ざっとしたアイデアを得るための調査目的なら，タイトルや説明を見るだけで十分で，プログラムを動かさなくてもよいはずです。

プログラミングのコースで，自分の子どもが実はゲームをして遊んでいたと知って，気にする父兄もいます。たいていは，「工作の時間に，簡単なパチンコ台を作って遊ぶのと同じことですから」と説明して納得してくださると思いますが，ここで，ちょっとコンピュータゲームについて考えておきましょう。

コンピュータゲームに習熟すれば，プログラミングも上達するでしょうか。残念ながら，ゲームプレイの能力とプログラミングの能力とは別物です。互いに役立つことがあるかもしれませんが，本質的には別物です。

ただし，Scratch のコミュニティサイトや書籍に掲載されているゲームは，プログラムが載っているので，プログラミングの勉強になります。特に，プログラムに少し手を加えて自分なりに工夫できるので，すごく勉強になります。

ゲーム中毒は，明らかに病気ですから，そうならないように気をつける必要があります。コードが掲載されているゲームなら，そこに手を加えて，一定時間で中断できるようにすることもできます。

ケーススタディ 3.1：〈ゲーム例 1〉 ——動物レース

25.1 ゲームの内容

　これは 2 人で遊ぶゲームです。動物のスプライト（たとえば，ネコとイヌ）を 2 つ用意します。スタートからゴールまで，キーを叩いて競争します。動物ごとに，押すキーを変えます。ゴールに着いたら，どちらが勝ったのかわかるようにします。

25.2 プログラムとしての構成要素

　ゲームの内容に応じた構成要素を考えます。プログラムを作りながら考えていく方式もありますが，一般的には，作る前にどんなことが必要か検討します。
　イベントに というブロックがありますから，これを利用します。
　スタート位置に動物を揃えるには，動きの を使います。
　ゴールについては，いくつかの方法があります。ひとつは，ゴールのスプライトを作って，ステージの反対側にセットしておく方法です。もうひとつの方法は，ステージの端を利用して，ゴールを作らずに済ませる方法です。
　ゴールにどちらが早く着いたかは，他の人に判定してもらう方法もありますが，「調べる」の を使って，プログラムで自動的に判定するようにします。
　判定結果はどうするのがよいでしょうか？
　ファンファーレを鳴らして「○○の勝ち」とアナウンスを流すこともできますが，背景を変えて，「○○の勝ち」と表示するようにします。
　これで，大体，全部揃ったでしょうか？
　実は，プログラムとしては，他にも考えなければいけないことがあります。それらについては，プログラムを作りながら，お話しましょう。（ここで考えつく人は，検討事項をメモしておいてください。）

25.3 プログラムづくり

　プログラムづくりでは，旗を押したときの，俗にいう「初期設定」と，各スプライトのそれぞれのキーを押されたときの動作をまず考えます。

❶ 初期設定

　初期設定で行うことはどんなことでしょうか。

- 画面の初期設定
- 動物をスタート位置に持ってくる

後で，「○○の勝ち」と書いた背景を作りますが，初期設定は，最初の「背景 1」を使います。ちょっと不思議なのですが，この真っ白の「背景 1」は，背景の選択候補の中にありません。他の背景を選ぶと，ステージを選択したときの背景タブ（スプライトのコスチュームに相当します）の左側に次々と追加されていきます。背景 1 は，消さないかぎりは残っていますので，消さないように注意しましょう。

　画面を最初に背景 1 にするには，次のようにします。

次に動物を下図のようにスタート位置に持ってきます。この処理は，動物それぞれのスプライトのコードで行います。動物が増えても同じようにできるのがよいところです。左から右に競走するとすれば，左端に置くわけですが，少し注意する点があります。

左端は，x 座標が −200 です（右端は x 座標が 200）。ここでは，スタート位置を少し右にずらし，−180 にします。

これは，x 座標を −200 にすると，「端に着いたら」画面が切り替わるようにプログラムしている場合，スタート位置に動物をつけた途端に，「○○の勝ち」と表示されてしまうからです。

 どうしてこんな変なことになるのでしょうか。

> もうおわかりですね。「端に着いたら」画面を切り替えるというプログラムの， というブロックはステージの右端と左端とを区別していないからです（上下の端も区別していません）。

 どうすれば，この問題を解消できるでしょうか。

> 次のような方法が考えられます。
> ❶ （今回のように）スタート位置を少し右にして，スタート位置でスプライトがステージの端にぶつからないようにする。
> ❷ で調べるかわりに，スプライトの x 座標の値が 200 に達したかどうかで判定する。
> ❸ ゴールというスプライトを作って，「ゴールに触れたか」で判定する。
> ❹ 特別な背景を作る。ゴールに特別な色をつけておき，  かどうかでゴールに着いたことを検出する。
>
> まだ他にも方法があるかもしれません。考えてみてください。

スプライト：Dog1

この場合，スプライトの大きさや形も関係します。たとえば，ネコとイヌを使うとして，スプライトに Dog1 を選択します。このスプライトのコスチュームの形は右の図のように左右に長いので，ネコと同じ位置に設定しても左端に触ることがあります。このような場合には，スプライトそのものを少し小さくします。

このプログラムを動物のスプライトごとに作ります ☛ ヒント 。

ヒント このコードブロックを，スプライトウィンドウにある別のスプライトの上に持ってきてクリックすると，そのスプライトにこのコードが複製されます。 → lesson 27.3

❷ 動物の競争するプログラム

　それでは，競走のプログラムを書きましょう。本体は簡単です。キーボード
のキーを動物ごとに割り当てておき，そのキーが押されたら  とし
ます。たとえば，ネコにスペースキー，イヌに右矢印キーを割り当てます。ネ
コのプログラムは次のようになります。

　ここで，スプライトの大きさが異なっても，10 歩の長さは同じなのかという
疑問がわくかもしれません。実際に試してみるとわかりますが，この幅は，実
は，座標軸上の幅なので，スプライトの大きさには関係しません。（人間の場合
には，歩幅は身長に比例しますから，背の高い人の 1 歩は長くなります。）

　これで，キーを押せば動物が右へ動きます。をつけ加えて，動
きを表現します ☞ ヒント 。

2 つのコスチュームを切
り替えることで動きを表
現することができます。

　問題は，ゴールに着いたことをどうプログラムするかです。冒頭に述べたよ
うに，　端▼ に触れた　を使って表示させますが，表示に「○○の勝ち」と書
いた背景を使います。

　背景の作り方は，「lesson 23.1 多角形を描く」で点のスプライトを作ったとき
とよく似ていて，ステージウィンドウの下にある 🖼 を選んで，そのメニュー
から「描く」をクリックします。

　そして，T という「テキスト」入力を選んで，「ネコの勝ち」というような
文字をスクリーンに表示させます。コスチュームの名前を，これも「ネコの勝
ち」としておくと，背景を選ぶのが楽になります。

　ゴールに着いたら背景を表示するので，プログラムは次のようになるでしょうか。

　やってみて，「ネコの勝ち」と表示されるのを確かめます。イヌにも同じように，「イヌの勝ち」という背景を作って，ゴールに着いたら表示させます。

　さて，これで問題ないでしょうか？ 試しに，何回かやってみましょう。どうでしょうか，うまくいったでしょうか。

　実は，少し具合の悪いところがあります。ネコが先頭で「ネコの勝ち」が表示された後で，イヌがゴールに着くと，今度は「イヌの勝ち」と表示されてしまいます。これはまずいですね。

　この問題は，コンピュータサイエンスの専門用語では「排他制御」（一口メモ参照）です。 ゴールに着いたら「○○の勝ち」と表示するのは，「他の動物がまだ着いていない」場合に限らないといけません。実際の競走だと，ゴールのテープに最初に届いた人がテープを切るので，2着以下の人は先頭ゴールインでないことが見てわかります。

　排他制御は，コンピュータのマルチプロセス処理で非常に重要な問題です。排他制御は，複数のプロセスがアクセスする資源について，基本的な処理（アトミックな処理と呼びます）が完了するまで，他のプロセスが資源にアクセスしないようにして，おかしなことが生じるのを防ぎます。

　この例では，「○○の勝ち」という表示が，ネコとイヌとでアクセスする資源に相当します。1等になったスプライトが，この資源を押さえたら，他のスプライトは，この資源にアクセスできないようにしないといけないのです。このような排他制御が正しくできていないと，おかしなだけではなく，不正なことまで生じることがあるので注意が必要です。

 テープを使ったのと同じように，プログラムで先頭のゴールインと2着以下が区別できるようにするにはどうすればよいでしょうか？

これには，いくつもの解法があります。

❶　状態を記録，保存する変数を使う。
❷　ゴールをスプライトで表現している場合，誰かがゴールしたら，スプライトを消してしまう。
❸　背景表示を切り替えている場合，現在の背景が最初の背景かどうかをチェックする。

他にもあるかもしれません。考えてみてください。

lesson 22.2 のネコとリンゴで，リンゴを数えたとき，個数が増えすぎたこと（ページ78）がありました。あの場合も，これと同じような解決法が使えます。

　今回の場合，背景が何かを調べるのに，「調べる」の ┤ステージ ▾┤ の ┤背景 # ▾┤ を使い，演算で，┤ステージ ▾┤ の ┤背景 # ▾┤ ＝ ❶ と背景の番号が1，すなわち元のままでまだ変わっていないかどうかを調べます。これで，まだ誰もゴールしていないかどうかをチェックできます。

注意

　Scratch のシステムの不具合だと思いますが，┤ステージ ▾┤ の ┤背景 # ▾┤ のブロックをコードエリアに持ってきたり，演算に当てはめたりしたときに，┤ステージ ▾┤ の ┤backdrop # ▾┤ というように表示されることがあります。いったん背景に移ったりした後では，正しく「背景#」と表示されるので，そう問題ではないと思いますが，知らないとびっくりしますね。

　ソフトウェアには，このような問題が潜んでいることがよくあります。これが気になるようなら，他の手段，たとえば，状態を記録する変数を使いましょう。

動物がゴールしたときに，背景を調べて，トップでゴールインしたのを確認
してから，背景を変えます。

　他の動物のプログラムも同じように変更します。イヌのコードがどうなって
いるかは，下のようにスプライトを選ぶと表示されます。

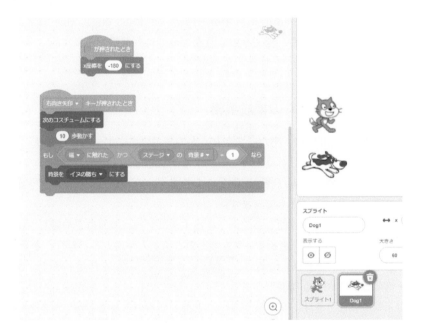

　さあ，これでできました。問題ないか確認しましょう。

lesson 26

ケーススタディ3.2：〈ゲーム例2〉 ——シューティングゲーム

26.1 ゲームの内容

シューティングゲームは，射的という昔からあるゲームで，動く標的を当てます。いろいろな種類があります。弾をボールに見立てて跳ね返るようにすれば，昔，コンピュータゲームのはしりにあったPONG （「ポン」Wikipediaの画像 https://en.wikipedia.org/wiki/Pong#/media/File:Pong_Game_Test2.gif 参照）のようなゲームや，玉突きのようなゲームにも拡張できます。

26.2 プログラムの構成要素

構成要素は，標的，弾，当たったかどうかの表示です。ゲームとしては，1回だけにするか，繰り返し行うかどちらにするか決める必要があります。

繰り返し行う場合，得点表示が欲しくなります。それが当たったかどうかの表示を兼ねるということもできます。

繰り返し行うとき，標的をどのように出すかはゲームの面白さや難しさに関係します。位置や速さ，タイミングを変えると楽しみが増えるかもしれません。

そのためには，「演算」にある を活用します。このゲームにはいろいろな発展形があるだけに，どこで止めるのかが設計のひとつのポイントになります。選択肢が多いことは，いろいろなことができるという点でよいのですが，作る方はどこかでまとめることを考えないと，際限なくプログラムを作る羽目になります。

26.3 完成形のスケッチ

どこまで作るか考えるためには，完成形のスケッチを書いておくとよいでしょう。頭の中にそれなりのイメージがあると思いますが，イメージだけでは記憶が薄れてしまいます。

たとえば，このシューティングゲームを「風船割りゲーム」と想定すると，こんな感じのスケッチになるでしょうか。

スケッチは，うまくなくても大丈夫です。心覚えと，他の人に説明できれば

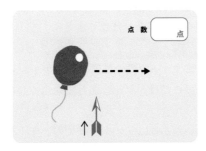

よいのです。最近の市販されているゲームでは，特に見映えが重要視されますが，プログラミングを学ぶためのゲームでは，そこまで凝る必要はありません。もっとも，子どもの興味が見た目の面白さにあるようだったら，その方向でいろいろとプログラミングをしていくのも悪いことではありません。

スケッチは，そのような子どもの興味のあり方を探るツールにもなります。

26.4 プログラムづくり

❶ 標的の動き

標的は何でもよいのでスプライトを適当に選ぶか，自分で作ります。ここでは，とりあえず風船（Balloon1）を標的に使います。

複数の標的を使うことも考えられますが，とりあえずは 1 つだけで動かします。標的を増やすには，スプライトを増やせばよいので，Scratch では簡単です。

最初の位置について，この場合は x 座標は左端の −200 にします。y 座標については，ゲームとしては出てくる位置が毎回変わる方が面白いでしょう。そこで，乱数を使って，たとえば「10 かける乱数」としてみます。後は， を弾に当たるか，端に着くまで繰り返します。

弾のほうも適当なスプライトを選ぶか自分で作ります。この場合には，長方形を使って自分で作りました。

弾に当たったら，どうするかですが，次のようなことが考えられます。

❶　特別な表示をする，あるいは音などを出す。

❷　消す。

❸　得点を追加する。

ここでは得点を追加するだけにします。「得点」という変数を作れば，変数の表示で得点が表示できます。標的を消すという作業をしないで，新たに動き出すことで当たったことを示します。

たま ▾ に触れた　というブロックを使うには，「たま」というスプライトを作っておかねばならないことに注意してください。ここでは，「たま」を自分で描画しています。

さて，プログラムをどう作るかです。

最初に，🏳 が押されたとき　を持ってきます。その後は，制御の  ブロックで実行を継続していきます。その動きの中で，上に述べた，❶ 出発点にいる，

Balloon1 のスプライトには 3 種類のコスチュームがあります。

❷動いていく，❸端についたら戻る，❹弾に当たったら，得点を増やして，戻る，という4つの処理をしていかねばなりません。

位置は， 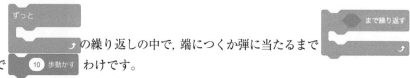 というふうに，x座標とy座標をまとめて設定します。y座標の位置の範囲が1から100になっていることに注意してください。ここは，ゲームとして面白くなるようにさまざまに変えることができます。

標的の動きは「端についたか弾に当たった」までだと考えると，の条件に，「端についた」または たま▼ に触れた （「弾に当たった」）を使うのがよさそうです。

「端についた」は， 端▼ に触れた ではなく x座標 > 199 とします。弾が左から右へ移動するという設定です。右端がx座標＝ 200なので， x座標 = 200 とほぼ同じですが，何かのはずみでx座標の値が200を超えても，これなら確実に判定できます ☞ ヒント 。

ヒント 条件判定の場合，漏れがないことが大事です。

という判定は，場合の値が200だけなので，それより小さいのも，大きいのも，この判定から外れます。一方で，

とすると，199より大きいのはすべて判定でき，全体の半分が判定できます。このような判定の方式をうまく使うことも，よいプログラムに必要なことです。

ずっと の繰り返しの中で，端につくか弾に当たるまで で 10 歩動かす わけです。

ちょっと複雑な形ですが，ここまでの処理は次のようになります。

この辺りで，標的がちゃんと動くかどうかプログラムを動かして確認しておきましょう。弾に当たると風船がはじける（このプログラムでは消えるだけ）ことも確認しておきましょう。

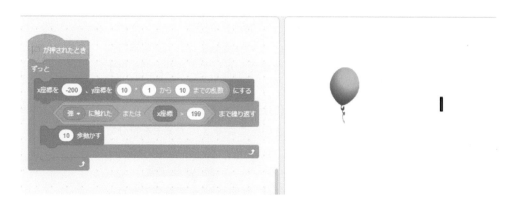

❷ プログラムの動作確認

このように，プログラム開発の要所要所で，作成したプログラム部分がきちんと働いているかどうか確認することは，一般のプログラム開発でも非常に重要なことです。プログラム開発では一般に，ユニットテストというプログラム単位ごとのテストと，統合テスト，システムテストなどと呼ばれる，プログラムのシステム全体のテストと確認とを何度も繰り返して行います。複雑なシステムでは，一度に全部のプログラムシステムを確認テストすることはできません。確認する項目が多数あって複雑だと，うまくいかない場合に，どこに原因があるか特定することができなくなるからです。そこで，ユニットテストという扱いやすい単位ごとに問題がないことを確認し，それから全体の統合テストをします。通常は，最初の統合テストで多数の問題が出てきます。そこで，それぞれのユニットに間違いがないか，再度確認することになります。工作でも，部品に問題がなかったはずなのに全体を組み立てるとうまくいかないことがあります。それと同じように，問題がないことを部分部分で確認をとりながら全体を進めていくのです。

❸ 「弾に触れた」の処理

さて，「弾に触れた」場合には複数の処理をしなければなりません。当たったら，標的スプライトの表示を 隠す ことにしたなら，「まで繰り返す」の繰り返し判定とは別に，「弾に触れた」場合の処理を書いておき，「ずっと」の先頭で 表示する を使うことができます。

そうすると，動かす条件を「端についた」(x座標 > 199)だけに単純化できます。「弾に触れた」ら，隠す と「得点を増やす」を行います。一方で，が押されたとき には，得点 ▼ を 0 にする 初期化ブロックを加えます。

プログラムが次のようになります ☞ ヒント 。

（ヒント）　得点を増やすブロックを弾の方にするやり方もあります。現在の標的で増やす方式の利点は，標的によっては，点数を増やす（ボーナス標的）ようなことができる点です。

見た目には，「弾に当たった」のも「端に着いた」のも「動かす」のを，再度ス

タート位置から始めるための条件になっているかのようですが，厳密にいうとプログラムはそうなっていません。このプログラムでは風船は，弾に当たっても動いています。若干の時間差があるので，場合によると，その違いが見てわかるかもしれません。

この場合も，実際に動かして問題がないことを確認しておきます。

❹ 弾の動き

次は，弾の動きです。標的は，プログラム開始と同時に動き始めて，●が押されるまではずっと動きます。弾は，何かのキー，とりあえずはスペースキーが押されたら，発射するようにします。

次のような動きが必要です。

❶　スタート位置，この場合は，一番下の x 座標を 0，y 座標を −200 にします。

❷　上の方向に動く。

❸　端に着いたか，標的に当たると消える。（スタート位置で 表示する と初期化する必要があります。）

標的の場合とよく似た感じで，次のようなプログラムができるはずです。

ここで，y 座標の限界が 180 であることに気をつけてください。x 座標は 200でした。ちょっと横長なのですね。

こうすると少し不思議なことが起こります。得点が増えず，標的も消えないということが起こります。きちんと標的が消える場合もあります。でも，たいていは，何も起こりません。おかしいですね。これは，一口メモ〈排他制御〉で述べたような状況です。プログラムを作った側では，標的と弾があたったときには，❶得点を増やす，❷標的を消す，❸弾を消す，の 3 つが同時に起こると考えています。

ところが，Scratch のプログラム実行は，そうなっていなくて，先に弾が消えたので，標的を消して，得点を増やすことができないのです。

当たったというのは，どれか 1 つのスプライトで検出して，残りのスプライ

トに消すよう伝えないといけません。

　このような排他制御が必要な場合は「lesson 25 動物レース」でも起こりました。そのときは，背景を変えたということを使いました。それと同じように，たとえば，変数を使って当たったということを知ることができます。

　今回は，「メッセージ」を使ってみます。しかし，残念ながら，メッセージは「もし○なら」の条件のところに「○を受け取ったなら」と書くことができません。そこで，かわりに，「イベント」で メッセージ1▼ を受け取ったとき という形で処理をします。

　弾のプログラムの中では，当たったかどうかのチェックは行いません。以下のようになります。

スペース▼ キーが押されたとき
x座標を 0 、y座標を -180 にする
0 度に向ける
表示する
y座標 > 179 まで繰り返す
10 歩動かす

当たった▼ を受け取ったとき
隠す

標的の方のプログラムでは，次のようにメッセージを送ります。

が押されたとき
得点▼ を 0 にする
ずっと
x座標を -200 、y座標を 10 * 1 から 10 までの乱数 にする
表示する
x座標 > 199 まで繰り返す
5 歩動かす
もし たま▼ に触れた なら
得点▼ を 1 ずつ変える
当たった▼ を送る
隠す
1 秒待つ

これでうまくいきました。標的を隠した後で，1秒待っています。ちょっとしたことですが，プレイしやすくなります。

プログラムを動かしてみます。

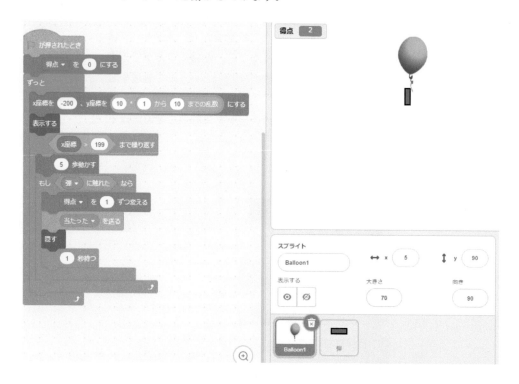

このゲームは，さまざまな発展形が考えられます。市販のゲームでは，そういう変更がたいていはできません。自分でプログラムを書けば，そういう発展形ができること。たとえば，風船の種類を増やす。動き，たとえば，速度を変えて，同時に点数も変えてみるなど。さまざまなことができることを子どもたちに学んでほしいものです。

そうすれば，ただ単に遊ぶだけでなく，作る楽しみも得られます。

ケーススタディ4：音楽演奏

　少し毛色の変わったプログラミングとして，Scratch を使って音楽演奏をしてみましょう。音の処理は，Scratch が得意にしているものの1つです。

　Scratch のコードのカテゴリには，「音」があり，スプライトのタブにも，コード，コスチュームと並んで，音のタブがあります。さらに，拡張機能の中にこのケーススタディで使う「音楽」🎵 がありますし，ここでは使いませんが，「音声合成」という機能も用意されています。

　ただし，音を鳴らすと周りに聞こえるので，実際のプログラミング指導では，ちょっと難しいところがあります。音楽室のように音響に配慮された環境や，周りに迷惑が掛からない環境ならいいのですが，そうでないと音量を落とすなり，それなりの配慮が必要です。

　音楽をするには，まず，左下の「拡張機能を追加」をクリックして，拡張機能メニューの中から「音楽」🎵 を選ぶ必要があります。そうすると音楽のコードブロックが使えるようになります。

「拡張機能を追加」

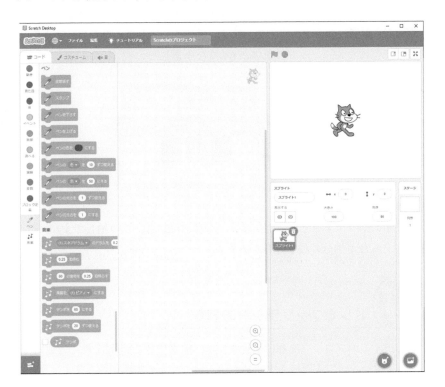

　音楽のプログラミングは，Scratch でどんな音が，どんなふうに扱えるかを

いろいろと探索することと重なります。問題解決のためのプログラミングというよりは，音という素材が，Scratch の中でどのようになっていて，どのように使えるかを調べては試してみる探索型プログラミングです。子どもたちにとっては，宝探し的な面白さがあるのですが，指導する方は，ちょっと気を緩めると皆が勝手な音を出して，収拾がつかなくなる心配があります。「教える」という立場よりも，一緒に楽しんでみるという立場がいいでしょうか。

まず，ドレミファソラシドを Scratch で演奏しましょう。中心になるのは，次のブロックです。

60 というのは何かな，と疑問に思う人もいるはずです。クリックしてみると，下のように鍵盤の画面が出て，C(60) という鍵盤の色が空色になっています。

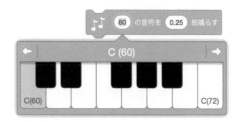

そうです，60 というのは，実は，MIDI のノートナンバー（一口メモ参照）で，ハ調のド，普通に歌うドの音を表します。鍵盤のミのところをクリックすると，そこが空色になり，コードの数字が 64 になりました。

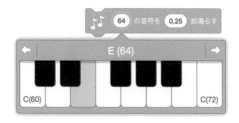

コードをクリックすると，音が出ます。今は，0.25 拍（1/4 拍）ですが，これを 1 にすると 1 拍分の長さの音が出ます。

 ドレミファソラシドの演奏

音を出すこのブロックを順に実行すれば，演奏できるわけです。

ドレミファソラシドと鳴らすためには，いくつかの方法があります。代表的なものは次のようなものでしょう。

❶ 順番にならべて実行する。

> **MIDI, ノートナンバー**
>
> 　MIDI というのは，Musical Instrument Digital Interface の頭文字で，電子楽器の演奏データの取り決めです。MIDI 規格と呼ばれますが，JIS（日本産業規格）になっています。ノートナンバーは，この MIDT で定めた，音階に対応する番号で，鍵盤楽器で黒鍵（半音階）も含めて順に番号が振られています。MIDI ノートナンバーは，電子楽器を使う人たちにはよく知られているものです。
>
> 　プログラミングの立場で重要なのは，音が数字に割り振られていることですね。だから，プログラムで簡単に扱えるわけです。

❷　リストを使って，順に音を鳴らすようにする。

❶の順番に並べて実行するのは，ほとんど楽譜を書くような感じです。プログラミングというよりは，音を拾っていくという感じで次のようになります。

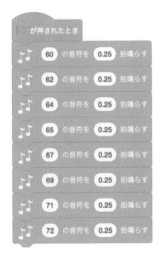

楽器を変えてみたり，音符の長さを変えてみたりしてみましょう。

楽器は今，合唱団を含めて 21 種類登録されています。

❷のリストを使う方式だと，プログラミングという感じが出ます。ドレミ
ファソラシドと上がってから，ドシラソファミレドと下がるのも簡単です。

リストの作り方は次の通りです。まず，最初にリストとリストの要素を取り
出す変数を用意します。変数の作り方は，lesson 22.2 で学びました。その変数
を作るところの下の方に， リストを作る というボタンがあるのでクリック
します。変数の場合と同じように下のような画面が出てきます。

リスト名を入力して，OK をクリックします。すると，リストを使うブロック
がブロックパレットに表示されると同時に，ステージにも次のようにリストが
表示されます。

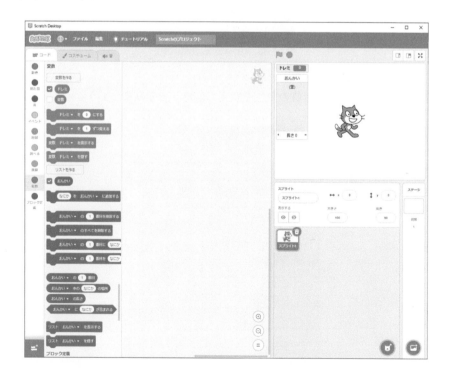

> **一口メモ　リスト**
>
> 　英語では "list"，表のことです。プログラミングでは，要素を並べて入れたもの，いわば容器にあたるものをリストと呼びます。要素の並びということでは，配列（英語では array，アレイ）と同じようなものです。Scratch ではリストのことを配列と呼んだりしている例も見かけます。
> 　厳密にいうと，配列は同じ種類の要素で，サイズが前もって決まっているのが普通です。リストは，サイズが前もって決まっていません。要素の追加・削除が自由です。

　ここに音階を追加するには，[なにか を おんかい▼ に追加する]というブロックを使います。ここでは，[60 を おんかい▼ に追加する]としてクリックします。あるいは，[おんかい▼ の 1 番目に なにか を挿入する]というブロックを使うこともできます。これを，62, 64, 65, 67, 69, 71, 72 と続けると次のようになります。

これを使って，どうすればドレミファソラシドと鳴らしていくことができるでしょうか。ごく簡単なプログラミングの問題になります。
　ひとつの解答は下の通りです。

変数とリストを使うことで，ブロックを 8 つ並べるかわりに，8 回繰り返します。この方式のよいところは，同じようにしてドシラソファミレドと音階を下げていくこともできることです。

間に，休みを置いてやってみましょう。できましたか。
次のようなプログラムになります。

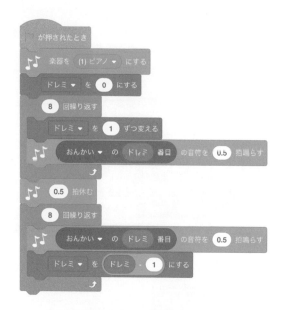

1つずつ増やすのは 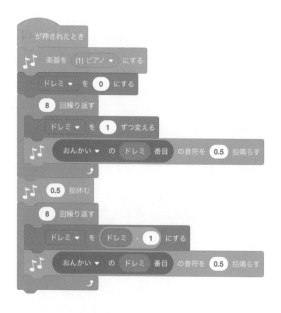 でできましたが，減らすには
◯ - 1 という演算を使い，変数の値を設定する ドレミ ▼ を ドレミ - 1 ずつ変える
を使わなければなりません。

それから，増やすときと違って，その音を減らすのは演奏してからです。

増やすときと同じように，減らしてから演奏するという順番にするとどうなるかわかりますか？

演奏するとすぐわかりますね，上のドの音が抜けて，シラソファミレドになっ

ています。

　ちょっとしたことですが，プログラミングでよく起こる間違いです。

　ドレミファソラシドだけではつまらないかもしれません。簡単な曲を演奏し
てみましょうか。

 「さくらさくら」の演奏

　「さくらさくら」という曲はたぶんご存知だと思います。楽譜は次のような
ものです。

この楽譜の音符をそのまま，ドレミファソラシドを順に演奏したのと同じよう
にしていきます。全部で，ちょうど50個の音符があります。そのまま50個を
並べてもよいのですが，重複があるので，そこは「繰り返しで済ます」ことも，
ブロックを定義して再利用することも可能です。

　たとえば，第1小節と第2小節は同じですから，次のように繰り返しを使え
ます。

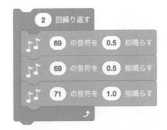

さらによく見ると，第1，第2小節は，第11，第12小節に繰り返されます。こ
のような反復は，第3，第4小節でも第7，第8小節で繰り返し，第5，第6小
節が第9，第10小節で繰り返されます。

　こういった2小節分をブロックを使ってまとめると全体を簡単にすることが
できます。

第3，第4小節を左のように定義してみました。

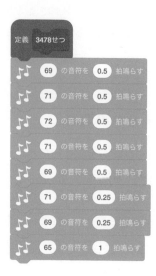

第1，2小節，第5，6小節も同じようにブロックを作ってまとめる と「さくら さくら」の本体は右のようになります。

「3478 せつ」と「56910 せつ」のブロックの定義 は，後に示すプログラム 全体の図を参照してくだ さい。

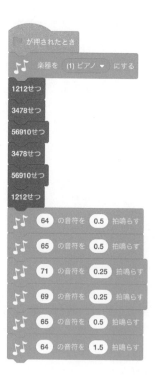

譜面がすぐには読み取れないのがよくないところですが，構造はすっきりして います。

プログラム全体は次のようになります。

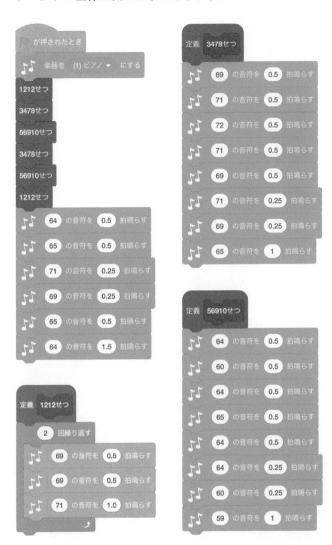

　50個の音符を並べても同じ結果になりますが，それでは長すぎて，この1ペ
ージには収まりません。興味深いのは，プログラムの「ブロック」が，プログラ
ムの中で，このような繰り返しを簡単にするために作られ，使われているとい
うことです。
　演奏が一応できたら，今度は楽器を変えたり，テンポを変えたり，いろいろ
と試すこともできます。

 合　　奏

　合奏もできるのでしょうか。この音符をまた入力するのは大変ですが，コー
ドエリアのブロックのひとかたまり（スクリプト）の上でマウスを右クリック
して，スクラッチのスクリプトの複製機能を呼び出すことができます。これを

使うとスクリプト全体をコピーできます。

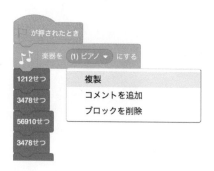

トのように無事に複製できました。

楽器を変えて合奏してみましょう。うまくいったでしょうか?
次のようにすれば，簡単に合奏できそうですが，うまくいきません。

どうしてでしょうか。理由を考えられますか。この辺りは，プログラミング

の問題ではなく，設計の問題，考え方の問題です．Scratchの音楽ブロックの情報を調べてもわかりますが，スプライトが使う楽器は1つと決まっています．1つのスプライトで2つの楽器を使うことはできないのです．

　そこで，新しいスプライトを作って，そこに同じプログラムを作って楽器を変えて演奏します．スクリプトをスプライトの上に持っていってクリックすると，スプライトにプログラムをコピーすることができます．

　この場合には，ブロック定義もコピーしないといけないことに注意してください．さあ，今度はどうでしょうか．無事に合奏ができたと思います．

27.4　和　　音

　複数の楽器で合奏をするには複数のスプライトを使う必要がありました．それでは，1つの楽器で複数の音を鳴らす和音はどうでしょうか．ドミソという普通の三和音を鳴らすには，ドとミとソを一緒に演奏します．

　楽器が1つなら，音を複数同時にならせるようです．同時演奏は，メッセージを使えば簡単です．

27.5　伴　　奏

和音のように複数の音を同時に鳴らす仕組みがわかったので，さくらさくらの曲をピアノの左手で伴奏を付けて演奏してみましょう．曲によっては，簡単

な和音伴奏でもいいのですが，さくらさくらは，しっかり伴奏する譜面の方が
多いようです。伴奏の譜面をコードに落とします。

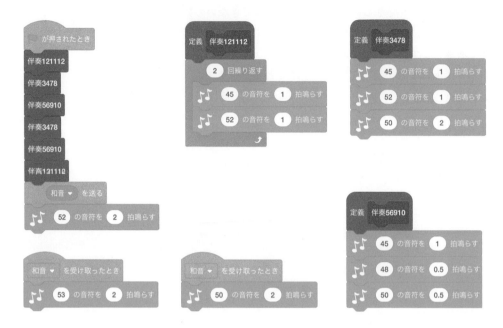

　　全体は次のようになります。右手の主演奏のブロック定義は表示されていま
せん。lesson 27.2 を参照してください。

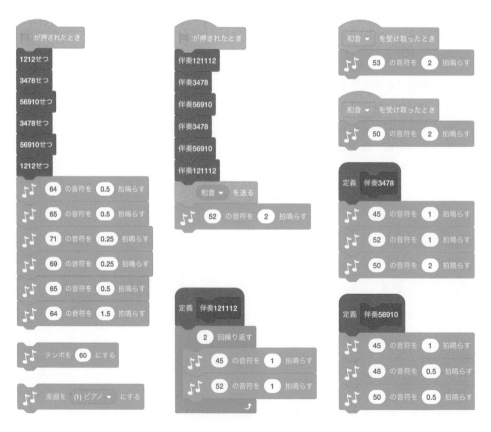

ケーススタディ5：
——並べ替え（整列，ソーティング）ゲーム

　次のケーススタディは，ゲームの要素と，コンピュータサイエンスでよく使われるアルゴリズムの基本とをミックスしたものです。

　題材は，並べ替え，コンピュータサイエンスでは整列とかソーティングとか呼ばれる，大きさの順番や，あいうえお順などに項目を並べる操作です。

　データの個数がある程度多くなると，このような操作が必ず必要になります。実際に，この並べ替え作業をコンピュータと競争すればすぐわかることですが，コンピュータの方がこういったことは得意です。それでも，コンピュータでこの並べ替えをどのようにするか，つまり，どのアルゴリズムを使うかで，同じコンピュータでも処理の速度がかなり変わるのです。

　ビジュアルプログラミングは，このようなアルゴリズム作成を主目的にしていないので，最先端の高速アルゴリズムを書くのはちょっと無理なのですが，基本的な考え方を学ぶことはできます。

　ゲーム仕立てで，並べ替えの問題を取り扱ってみます。

　ゲームは，データの並べ替えをコンピュータと人間で競争しようというものです。これは，コンピュータのプログラム同士で競争することもできれば，人間同士で競争することもできます。

 データの用意

　課題となるデータは，簡単のために 1 から 99 までの数にしましょう。
　次のブロックでそのような数を適当に選ぶことができます。

数のデータの個数はどれくらいにするのがいいでしょうか。ある程度の個数がないと課題の難しさがわかりません。多すぎるとデータを用意する手間がかかって大変かもしれません。データをどこにどのように置いておくかも問題です。

　ここでは，Scratch のリストを使います。次のように，「元のデータ」，「答え」，「コンピュータ」という3つのリストを作りましょう。

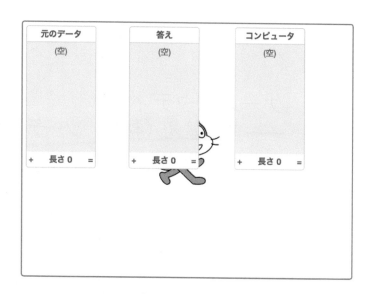

リストは，作ったときは長さが 0 で，中身が「(空)」になっています。

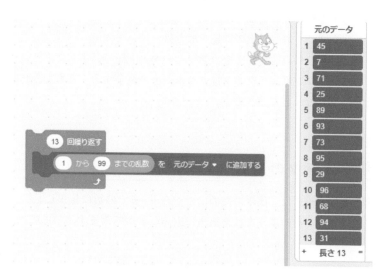

 というブロックを実行すれば，適当な数が「元のデータ」というリストに追加されていきます。試してみましょう。

Scratch の標準画面では 13 個のデータが一度に表示できます。13 回追加すると「元のデータ」をいっぱいにできます。

　このデータの並べ替えには，小さいものから大きいものへという昇順と，大きいものから小さいものへという降順の 2 つの順序があります。

　今回は，小さいものから大きいものという順序で並べ替えることにします。

　このような順序関係は，数や文字にはありますが，あらゆるデータにこういう順序がついているとはかぎりません。さらに言えば，小さいものから大きいものへと順序がきれいにつくとはかぎらないのです。有名なのは，じゃんけんです。グー，チョキ，パーのそれぞれには強さが定義されていますが，一番強いのはありませんから，このように順に並べることはできません。

全順序

ある集合が全順序であるとは，要素間で大小比較ができるだけでなく，$a > b$ かつ $b > c$ なら $a > c$ という推移律が成り立たねばなりません。私たちが通常使っている整数などでは，全順序は当然ですが，たとえばじゃんけんの例を考えてみても，推移律が成り立たないという事例は結構あります。

集合の個数が有限個なら，全順序集合には最大値と最小値があり，大きさの順に整列することができます。

このような順序関係は数学の用語では「全順序」と呼ばれます。

28.2 データの並べ替えをどうするか——アルゴリズム

さて，小さい数から大きな数へ，並べ替えて整列するにはどうしますか？

コンピュータができてから 70 年余りになりますが，整列の方法は多数考案されてきました。それらの方法は，どのようなデータがどのように収められているかにも依存しています。参考までに，いくつかの方法を紹介します。

❶ 一番小さいものを見つけては，置いていく

人間が並べ替えるごく自然な方法でしょう。コンピュータサイエンスでは「選択ソート」といいます。これは，データの個数が膨大になると最小値を見つけるだけでかなり手間がかかります。たとえば，データを整理して最小値を見つけやすい構造にしてから処理をする「ヒープソート」という方式があります。

❷ 順番に大きさを調べては挿入していく

これも人間ではごく素直な方式です。挿入ソートと呼ばれます。ほとんど整列できているデータでは，挿入位置がわかれば，それでおしまいなので簡単です。

❸ 範囲ごとに分ける

1 から 9，10 から 19 というように，対象の数の範囲が決まっているなら，範囲ごとに分けてしまい，そのうちの小さい範囲から順に置いていくやり方があります。「ラディックスソート」と呼ばれますが，割合に効率のよい方法です。文字や単語の場合なら，先頭の文字の「あいうえお」でまず分類するやり方です。

❹ 分割して処理する

範囲が決まっていなくても，データをたとえば 2 分割して，それぞれで整列する方式があります。半分にしても結局は全部あわせるのだから同じように思えますが，結果的には性能のよい方式です。まとめて「分割統治法」と呼ばれます。整列では，「クイックソート」や「マージソート」が有名です。

28.3 挿入ソート

　数の並べ替えには，挿入ソートと呼ばれるアルゴリズムを使います。比較的簡単なのと，多くの他のアルゴリズムとも併用されていることが多いからです。

　まず，挿入ソートのアルゴリズムの概要から説明します。挿入ソートは，新たなデータをソート済みのデータの正しい箇所に挿入して，データ全体を整列させます。

　データの個数が膨大な場合，「正しい挿入箇所」の見つけ方に工夫が要りますが，今回は，上から，つまり，小さいものから順番に調べていきます。元のデータの個数は 13 個と決まっていても，「コンピュータ」というリストには，これから数を入れていくので，いまのデータの個数は定まっていません。プログラムでは，今のデータの個数と挿入する位置を考えて正しい位置を求めなければなりません。

　まず，最初はどうすればいいでしょうか？　次のような方式が考えられます。

❶ 何もないところから始める

　この方式では，挿入先のデータの個数と挿入位置との関係をうまく使う必要があります。つまり，挿入位置がデータの長さより大きい場合は，一番後ろに挿入しますが，一番最初の何もない場合は，長さが 0，挿入位置が 1 という特別な場合になります。

　この方式の利点は，最初の何もない状態かどうかをチェックしなくてもごく自然にその場合も含めて扱えることです。

❷ 「元のデータ」の 1 番目を先頭に置いておく

　上の方式の最初の挿入を終えたところから始めます。最初の挿入位置はこの場合も 1 から始めます。データの長さは 1 なので，すでにある先頭のデータと大きさを比較して，正しい挿入位置を求めます。

❸ 最小値を先頭に置く

　人間にとってはごく自然な発想です。見ての通り，最小値がどれかはすぐわかります。しかし，コンピュータにとっては，これは難しいのです。最小値を次々に求めていくのは，選択ソートの処理で，挿入ソートよりも遅くなります。これは，コンピュータでは遅くなるので，やってはいけないことになります。

　それでは，挿入していく本体の処理はどうすればいいでしょうか。

　挿入するデータと，挿入する位置と，その位置にあるデータという 3 者の関係がどうなっているかが問題です。

❶ 挿入位置がデータの一番後ろの場合は，挿入するデータがこれまでのデータよりも大きい場合ですから，次のようにして追加します。

```
データ を コンピュータ ▼ に追加する
```

<table>
<tr><td>一口
メモ</td><td>ループと再帰呼び出し</td></tr>
</table>

　繰り返しの作業は，プログラミングでは，よく出てきます。人間は単純な繰り返しが苦手です。途中で必ず間違えます。コンピュータは，単純な繰り返しが得意で，途中で退屈することもないし，途中では，まず間違えません。

　プログラムで繰り返しを表すには，Scratchの制御にある，「繰り返す」のようなループ状に一連の作業を繰り返す方式と，ブロックで自分自身を呼び出す再帰方式とがあります。

　ループと再帰とは，お互いに同じ結果になるように変形することができます。したがって，繰り返しにどちらを使うかは，その状況に応じて選ぶことができます。

　さらには，Pythonのようなプログラミング言語では，繰り返しと同じ効果をもつマップ（map）などという操作が使われる場合もあります。

❷挿入位置にあるデータと比較して，挿入するデータの方が小さい場合，挿入位置にそのデータを挿入します。

❸その他の場合は，次の位置のデータと比較することになります。それを繰り返しのループで行うか，再帰呼び出しで行うか2つの方式があります。ここでは，簡単な再帰呼び出しを使います。つまり，次のように定義した「そうにゅう」というブロックを使います。

この「そうにゅう」というブロックの定義は次の通りです。

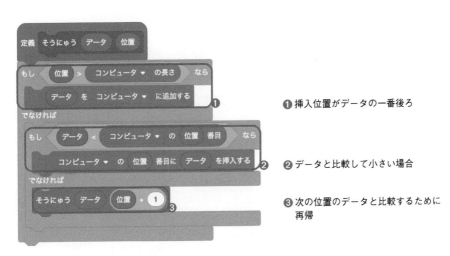

❶挿入位置がデータの一番後ろ

❷データと比較して小さい場合

❸次の位置のデータと比較するために再帰

　こうすると，挿入位置が見つかったら，そこで挿入して終わりになります。

　これを繰り返しのループで行う場合，ループから途中で抜け出す機能がScratchに用意されていないため面倒な処理になります。これは後のlesson 28.5で説明します。

28.4 全体の処理

　処理全体は，❶データの初期化，❷元のデータの設定，❸挿入ソート，❹人間とコンピュータの比較となります。全体のプログラムを次に表示します。

　「そうにゅう」ブロックの呼び出し そうにゅう 元のデータ ▼ の i 番目 1 の前にある 10 秒待つ というブロックに注意してください。これは，コンピュータの計算が速すぎて人間とは勝負にならないので，こうしてハンディを付けたものです。最小値などすぐ見つかるようなのに，すべてを並べようとすると，人間はずいぶんと手間取るものです。ゲームの結果を次に示します。

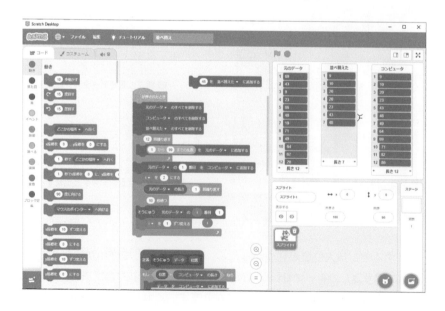

私は次のコードブロックで答えを書きましたが，手元の紙か何かに書き出す方が速いかもしれません。

コンピュータの方が答えを出すのが速いので，なかなか勝てません。並べ替えのプログラムを複数作って，競争させるのも面白いかもしれませんね。

 並べ替えはどんな役に立つのか

こういう並べ替えは，遊び以外に，どんな役に立つのでしょうか。

数を並べ替えて整列すれば，成績順に並べることができるというのはすぐわかると思います。そういう場合も含めて，きちんと並べ替えると探すことや調べることが簡単になるのです。たとえば，住所録を整理する場合，名前のあいうえお順に整列すれば，欠けている人，重複している人が簡単にわかります。実は，この lesson のプログラムは次の図に示すように，数だけでなく文字も整列ができます。

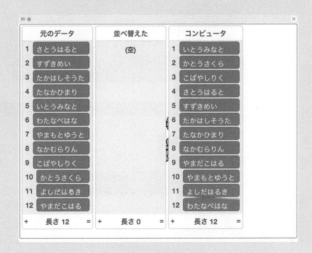

名前がかなで書かれていることに注意してください。漢字を使うと，あいうえお順には並びません。理由は，文字の符号（一口メモ「文字コード」参照）を使って大小比較をしているからです。このように，整列はデータサイエンスで基本的な処理として使われています。

28.5 再帰を使わないで繰り返す方法

普通のプログラミング言語では，再帰を使わないで繰り返します（一口メモ「ループと再帰呼び出し」参照）。実際に，ネコを動かすときには左のような繰り返しブロックを使いました。

この挿入ソートでも再帰を使わずに繰り返しをして，並べることはできないでしょうか。もちろんできますが，少し複雑になります。

後で説明しますが，扱うデータの個数や繰り返しの回数があらかじめ決まっていない場合，繰り返しを途中でやめる仕掛けが必要です。あいにく Scratch にはそうした仕掛けがないので複雑になるのです。

まず，プログラムの全体を示します。

再帰の場合よりも長くなっています。変数も i の他に k と「挿入した」とを使います。

先頭の

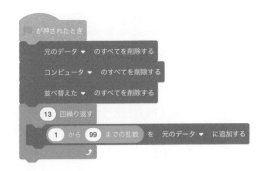

という部分は，再帰の場合と同じく共通しています。これは，データの初期化という処理です。

　その後の3つのブロックでは，変数iを使って，元のブロックをチェックします。

という部分は，再帰の場合と同じく共通しています。これは，データの初期化という処理です。

　最後のiと　元のデータ ▾ の長さ　とを比較するところで，元のデータの長さだけ繰り返します。

　ここでは，どうして，

を使わないのかと疑問に思うかもしれません。最初のデータを入れて，その後から元のデータを調べる操作で，その何番目かを示す変数を使うので，今のように，変数iを明示しています。次の9行分が一番重要な繰り返し部分です。

　この内側の繰り返しでは，変数kを使って，「コンピュータ」というリストの要素分だけ調べます。

という繰り返しブロックを使います。

　この前に変数 k を 1 に，変数「挿入した」を 0 にします。変数「挿入した」は，挿入後は残りのデータを見なくてもよいということを示しています。再帰処理の場合では挿入すれば終わりです。繰り返しでも，そこで繰り返しをやめますという処理ができれば，このような変数は必要なくなります。挿入するかどうかの判断に，データの比較だけでなく，この変数の値が 0 のままかどうかのチェックが入ります。

　最後のブロックでは，一度も挿入することがなかった，すなわち最大値の場合に末尾に追加するという処理を行います。

　繰り返しの最後で，変数 i を 1 つずつ増やしていることに注意しましょう。

プログラミング教育実践のまとめ

ここでプログラミング教育実践のまとめをしておきましょう。

実践編の最初でも申し上げましたように，これらの素材を教える現場で生かしていただきたいのですが，そのためにももう一度，プログラミングの何を教えるのか，あるいは，プログラミングを通して教えたいものは何かを考えてみたいと思います。

プログラミングは，特に，ビジュアルプログラミングはプログラムがすぐ動くので，想像以上に面白いと思います。実際に，プログラムを書いてみて，思い通りに動かなくて苦労した挙句，きちんと動いたときの達成感は，なかなかのものです。

子どもたちは，新しいスプライトの追加方法を知ると，指示されているのが「リンゴ」なのに，自分の気に入ったスプライトを次々と追加したりします。触れると新しいものが出てくる，ある種のびっくり箱，アドベンチャーワールドの感覚だろうと思います。

このようなアドベンチャー的なプログラミングの世界では，何かしら新しい発見がいつもあるものです。その発見の中には，うまくいって面白いものもあれば，なぜかうまくいかない，どうしてかわからない不愉快なものもあります。

「プログラミングとはどんなものか」という理解は，このようなさまざまな「プログラミング体験」と切り離せないものです。したがって，子どもたちがうまくいかない場合にも，「よい遊び方」と「悪い遊び方」の区別があるように，「よいプログラミング」と「悪いプログラミング」という区別があります。

よいプログラムのために実践することをまとめてみます。

❶ 「目的は何か」をはっきりさせる

これは，「目的がはっきりしないとダメだ」と言っているわけではありません。アドベンチャーとしての，どうなるかわからないけれど，いろいろとやってみることも大事です。

しかし，目的をはっきりさせられるなら，あるいは，そういうはっきりした目的があるなら，そこに焦点を絞るべきでしょう。たとえば，そもそものプログラミングの目的が，子どもたちの生きる力の育成，強化にあるなら，ビジュアルプログラミングによる本書で紹介したようなプログラミングは，本格的なプログラミング経験のための入り口にすぎません。能力と興味のある子どもたちは次の段階，たとえば，Python によるプログラミングに移ってもよいでしょう。あるいは，コンピュータゲームそのものに興味があれば Unity など，ゲー

ムそのものに適したシステムに挑戦することを考えてよいと思います。

❷ プログラムを見直す習慣をつける

スポーツも含めてあらゆる技芸は，復習が肝心です。プログラミングの場合も，プログラムを見直すこと，そして，まずいと思うところを直したり，こうしてみたらというところを変えてみたり，その上で，どうなったかを確認していくことが大事です。

学校のボランティア活動などでプログラミングを教える場合のひとつの問題は，プログラムの保存が（原則として）できないことです。

多くの学校で，タブレットやPCなどコンピュータ機器は共通資産なので，個人的にプログラムを保存することができません。

ノートにプログラムを写したり，写真にとって保存したりすることもできるのですが，理想的には，特に継続的にプログラミングを教えるのであれば，子ども用のプログラム保存のシステムを確保しておく必要があります。

❸ よいプログラムを読む

これもどの分野でもいわれることです。図画工作などでもよい作品をみて，参考にすることが非常に勉強になります。どのプログラムのどこがどのようによいのか，それをきちんと考えていくだけでプログラミングの技術が上がり，知識が増えます。お互いにプログラムを見せあうことも非常に重要です。教える立場の人にとっては特に重要な点です。

❹ 情報活用と関連づける

学校での教科については，「情報」との関連が重要です。実際に情報活用，たとえば，統計をとるプログラムを実行するなどというのは，かなり先のことになるかもしれませんが，プログラミングが情報活用の重要な部分であることは理解しておくべきことです。

Scratchのようなビジュアルプログラミングでもかなりのことができるので，ゲームだけでなくいろいろと実際に使えるということも含めて，実体験として情報活用を進めるべきでしょう。

chapter

5

まとめと今後

　何事も行うときには準備も含めていろいろと行うのですが，終わってしまうとそれっきりということがよくあります。1回だけの催しなら，それでもよいのですが，たとえ1回だけの場合でも，振り返ってどうなっていたかを検討すると，今後の役に立つものです。

　本章では，プログラミングを教えたあとの評価を含めたことだけでなく，そもそもビジュアルプログラミングとは何であるかをもう一度見直してみます。

　さらに，このビジュアルプログラミングのあとのプログラミング教育はどうすればよいかについても述べます。

lesson
30

評　価

　プログラミングを教えて，どうだったかをそもそも評価するかどうかという問題があります。子どものプログラミングは，趣味や遊びの延長だから，一切評価しないというのもひとつの考え方です。一方で，まさに子どもたちの将来にも関わるのだから，それなりにプログラミング能力を評価しておこうという考え方もあります。

　実際に，一部の IT 系企業では，コードテストといって採用試験にプログラミング課題を出し，どのようにその課題を解決するかで採用を決めるという動きもあり，簡単な穴埋め問題的なものから，結構難しい課題を出して，その場で解かせるというものまでいろいろな種類があります。プログラムのコードについて解説させる課題もあるようです。

　評価のあり方は，そもそものプログラミングを教える目的に当然ながら関係します。プログラミングに接して，面白そうだなと感じてもらうのが目的か，プログラミングの基本的な仕組みを理解させることが目的かによって評価も違ってきます。

　同時に，何を評価するかも重要な点です。子どもたちの理解の度合いを評価しようとするのか，教える人の技量を評価しようとするのか，どちらなのかで評価の軸が，場合によっては方向すら変わってきます。

　アンケートは方法としては簡単ですが，低学年の子どもには結構難しい作業なので，工夫が必要です。教える人とは別に，子どもたちの様子を全体としてチェックする人に評価してもらう方が，確実でしょう。

　子どもたちの習熟度や理解度を評価する場合には，テスト用紙のようなものを使う方式，画面を示して答えてもらうやり方，あるいは，機器を使ってプログラミングさせる方式など，これも各種考えられます。

　機器を使って実際に動かすとなると，慣れている機器かどうかでずいぶん変わってきます。そもそも，「テストするよ」と言われるだけで子どもたちの反応が変わるはずなので，そのあたりは気をつけなければなりません。

　もうひとつ，プログラミングの前に，いくつかの能力や知識が必要になります。たとえば，漢字が読めるかどうか，算数がどこまでできるかなどが，プログラミングの能力に関わってきます。

lesson 31

ビジュアルプログラミングと普通のプログラミングの違い

　ちょっと場違いかもしれませんが，「普通のプログラミング」で学ぶことがらで，ビジュアルプログラミングでは学べないことは何か，逆に，普通のプログラミングでは学べないが，ビジュアルプログラミングでは学べることは何かをまとめてみましょう。

 ### ビジュアルプログラミングでは学べないこと

　ビジュアルプログラミングでたいていのプログラムは作れるのですが，プログラミングの技法という観点では，今の Scratch のようなビジュアルプログラミングではできない，学べないということがいくつかあります。その代表的なものを挙げてみます。

- プログラムを文章と同じように文字，数字，記号で書いていくこと
- エディタを使ってプログラムを作り，コンパイラでコンパイルし，リンカでロードモジュールを作り，実行モジュールを作るというプログラムのより一般的な作り方
- ライブラリやパッケージというものとその処理
- 例外/エラー処理
- 浮動小数点数や複素数など数値計算のためのデータとその処理やライブラリ
- ポインタというデータ型とその処理
- 細かい制御─ループからの抜け出し，Goto 文，Switch 文など
- 抽象クラス，多重継承などのオブジェクト指向のデータ型
- ファイルを含めた入出力の処理

　プログラムが文章と同じように文字，数字，記号で書くというのは，ある意味で，プログラミングが始まって以来の歴史によるものです。最終的には，コンピュータという機械が扱える 0 と 1 のビット列をメモリに書き込むという作業を最初のプログラマはしていました。

　そのうちに，英数字や記号もコンピュータで扱えるようになり，それでプログラムを書き，コンピュータで処理できるようになりました。その仕掛けが，エディタ，コンパイラといったツール群です。

　これらすべてを含めて，ライブラリやパッケージといったものが普通のプログラミングでは用意されており，プログラマは自分たちのライブラリやパッケー

> ここに出てくるカタカナ語は，興味があれば別途調べてみてください。わからなくても大丈夫です。これらについては，ビジュアルプログラミングでは扱っていないので学べないというだけです。念のため一言ずつ説明すると，リンカ：プログラムの部品を結合します。ロードモジュール：ロード（実行のためにもってくること）したプログラム部品。実行モジュール：実行できるプログラム部品。

ゼロ除算，オーバーフロー，アンダーフロー

ゼロ除算とは，ゼロで割る演算のことをいいます。算数では，ゼロで割ることはあり得ないことです。中学や高校の数学では，ゼロで割ると，普通は正か負の無限大になるが，特別な場合として，ゼロ割るゼロ，0/0 の値は定められない，不定値であると教わります。

コンピュータの内部では，割り算の回路が組み込まれているのですが，ゼロ除算はシステムエラーを引き起こすようになっています。したがって，通常は，プログラマはプログラムでゼロ除算を避けないといけません。

オーバーフローは，桁あふれと訳されます。計算した結果の値が大きすぎてコンピュータのデータとして入らない状態を指します。コンピュータでは，有限個のビットで数を表すので，表せる数に上限と下限があるのです。アンダーフローというのは，値が小さすぎて表しきれない状態を指します。小さい数を表すのにもそれなりの個数のビットが必要だからです。

IEEE1354 という標準規格は，浮動小数点数というデータ形式についての表現形式や演算をまとめたものです。そこでは，0/0 の値は NaN という特別な値，アンダーフローはゼロ，オーバーフローは無限大（∞）にすることが定められています。

Scratch の数の計算は基本的にこの標準に沿った処理をしています。したがって，`こたえ ▾ を 0 / 0 にする` は `こたえ NaN` となります。`こたえ ▾ を 100 / 0 にする` は，`こたえ Infinity` です。

ジを整備する必要があります。

このような作業は，ビジュアルプログラミングでは要りません。（だから，学ぶこともできないのは，ちょっとした皮肉ですね。）

イベント駆動型プログラミングができる Scratch でも存在していないイベントが例外/エラーです。普通のプログラミングで重要なのは異常や失敗に対する頑健な処理です。そのために，最近のプログラミングでは，例外やエラー処理が確実にできるような仕掛けが用意されています。数の計算では，0 で割ってしまったり，数が扱えないほど小さく（アンダーフロー），あるいは大きく（オーバーフロー）なったりするとシステム全体でエラーとなります。そういった例外的なことがらやエラーの処理をプログラムできるようになっています。Scratch では例外やエラーが定められておらず，数値計算ではエラーにならずに IEEE754 という浮動小数点規格に沿った値が与えられます。

一方で，普通のコンピュータの重要な働きは計算です。そのために浮動小数点数が作られ使われてきました。コンピュータで普通の計算を行うための試行錯誤や工夫が IEEE754 というような標準規格としてまとめられています。

また，システムプログラムでは，ポインタという参照機能のデータが重要です。ポインタは扱いの難しいデータです。すべてのプログラミング言語がポインタを備えているわけではありませんが，アルゴリズムの観点でも実用上の観点でも，ポインタは重要です。

Scratch でも，リストを使ってアルゴリズムとしてのポインタの働きを使うことや学ぶことができますが，ポインタを直接扱えるわけではありません。

細かいループの抜け出し制御もアルゴリズムの説明などで使われていることが

一口メモ **固定小数点数と浮動小数点数**

　浮動小数点というのは，もともと微積分などで扱う実数をコンピュータの中でどう表せばよいかと工夫された数値データです。数の値の詳しさを示す精度（大まかにいうと桁数です）と 10 の指数で表された大きさとでできています。コンピュータの中では，数はコンピュータメモリの扱うビット数，たとえば 64 ビットで表すので，表せる数値に制限があります。

　固定小数点というのは，整数値の後に小数点以下を 3 桁とか 5 桁とか固定して表す方式で，普通の計算でよく使われます。この方式では，大きな数の場合も小さな数の場合も桁数がすぐに増えてしまいます。コンピュータの初期の応用分野は，砲弾の軌道やロケットの軌道など，微積分方程式を解く数値計算でした。

　このような分野では，幅広い数を使います。そこで，数の精度に 10 の指数を組みあわせた記法で，浮動小数点方式が使われるようになりました。そうすれば，固定小数点の 64 ビットで扱える 16 桁の数より大きな 38 桁の数が扱えます。

　すなわち，固定小数点方式では，64 ビットで 18,446,744,073,709,551,616，19 桁の数しか扱えません。浮動小数点方式では，最大 3.40282×10^{38}，最小 1.17549×10^{-38} までの数が扱えるようになります。

　最近のコンピュータ言語では，ビット数の制限をとり払った，大きな整数値や指定しただけの精度を保つことができる Decimal といった数値データも扱えるようになっているものもあり，プログラマが苦労しなくて済むようになっています。

　実は，Scratch では数を入力しただけの場合には，文字列として扱うので，大きな桁数の数も入力できます。ただし，演算は浮動小数点数演算で行われるので，演算結果の桁数や表示方式は変わります。

あります。Goto 文は，実行制御をある地点から別の地点に移すもので，流れ図を使ったアルゴリズムの説明に用いられることがあります。Switch 文は，場合分けを簡潔かつ効率的に行うものです。これもアルゴリズムの説明に使われます。

　これらの制御は，すべてのプログラミング言語に実装されているわけではありません。Switch 文の機能などは，「もし… なら」というブロックで代用できます。しかし，これらの制御が使えると，応用分野によってはプログラミングが簡単になります。

　Scratch などビジュアルプログラミングは，アニメーションに際して，いわゆるオブジェクト指向的なプログラミングができますが，本格的なオブジェクト指向のデータ型の処理機能はありません。そのために，同じようなスプライトを作るときにプログラムのブロックを個別にコピーしなければなりません。

　オブジェクト指向プログラミングの技法については，現時点では，C++，C#あるいは Python のようなオブジェクト指向の機能を本格的に取り入れているプログラミング言語を使う必要があります。

ファイルなどの細かい入出力の処理は，データサイエンスで重要になります。現時点では，Scratch でできるのは，リストを使ったテキストファイルの入出力だけです。lesson 28.6 でリストに名前を並べました。このようなデータの読み書きをリストのデータのところで右クリックして，「読み込み」または「書き出し」を選ぶことができます。ただし，読み込めるのは Unicode のファイルで面倒な条件があるので，本書では紹介しませんでした。

データサイエンスの応用などを考えると，普通のプログラミング言語で加工したデータでないと，今の Scratch では扱えないようです。

ビジュアルプログラミングは，子どもがコンピュータを使ってさまざまなことができるように設計されています。それに関係しないような機能は省かれています。ただし，今後の拡張の中では，ここに挙げたような機能も取り入れられる可能性があります。

31.2 普通のプログラミングでは難しいのに，ビジュアルプログラミングでなら簡単にできること

普通のプログラミングでは簡単にはできないのに，ビジュアルプログラミングでは簡単にできることもあります。

- 音の録音再生や音楽演奏，描画，画像の取り込みなどを簡単に扱えて，その結果がすぐわかる。
- スプライトを使ったアニメーションが簡単にできる。
- 並列処理が簡単にできる。
- イベント駆動型プログラミングが簡単にできる。
- メッセージのブロードキャスト（イベントのメッセージ使用）が簡単にできる。

ビジュアルプログラミングは，子どもの注意を引くため，また，子どもが余計な操作をしないで済むように設計されています。

スプライトを使ったアニメーション・音・描画・画像の取り込みなど，普通のプログラミングではライブラリやパッケージをインストールし，それなりの準備をして初めて実行できるものです。変更もそう簡単ではありません。それをこのように簡単にできるようにするためのプログラミングは大変なものです。

さらに感心するのは，普通のプログラミングではそれなりの準備が必要な並列処理が自然にでき，さらに，イベント駆動型プログラミングやメッセージのすべての受け手へのブロードキャストなどもほとんど準備なしにできることです。

これらは，ある意味で，コンピュータの細かい特性を表面に出すことなく，プログラミングしている世界でのものごとの働きを自然に表現しています。

プログラミングはコンピュータの使い方とも密接に関わります。近い将来，ビジュアルプログラミングでコンピュータの使い方を学んだ子どもたちが大人になる頃には，プログラミングのやり方も変わってきて，ここで挙げたような相違は存在しなくなったり，内容が変わったりする可能性が大いにあります。

プログラミングを学ぶとは
どういうことか

プログラミングについて，さまざまなことを述べてきました。いま一度，それらのことがらをまとめてみます。「プログラミングを学ぶ」とはどういうことだったのかを復習することで，いったい何を教えようとしていたのかをもう一度考え直します。

 ## プログラミングとは何かについて

lesson 2.3 で「プログラミング」の説明をしました。ここまで，読んでこられて，プログラミングとはどういうものか，だいたい分かったのではないかと思います。念のために，どのようなことかという項目を並べてみます。

- プログラミングとは，コンピュータを使ってある課題をこなせるようにすること。
- プログラミングを行うには，さまざまなツールがある。
- プログラミングのツールは，コンピュータに備わっていることもあれば，インターネットなど外部から導入することもある。
- プログラムをコピーして持ってきて使うことはできるが，それはプログラミングとはいわない。
- プログラムを読んで，理解することもプログラミングの一部。
- プログラミングには，さまざまな人とのコミュニケーションが必要。
- プログラミングの能力とは，変化に対応する能力。
- コンピュータとそれを使う技術が常に新しくなるので，プログラミングのやり方も常に変化する。
- プログラミングをするためには，プログラムが動作する分野，すなわちプログラムを使う分野の専門知識が必要。プログラミングとは，そのような専門知識をプログラムの中に取り込む作業。
- プログラミングをする前に，何をどのようにプログラミングするかを検討する必要がある。いきなりプログラムを書くのはよくない。
- プログラミングは，コンピュータのためだけではなく，関係する人間のためを考えて作られる。

プログラミングについては，ともすると，他の人とのコミュニケーションが要らないと誤解されているところがあります。しかし実際には，複数人のチー

プログラムのコピー

「プログラムをコピーすることはプログラミングではない」と書きました。これは，「作文とは文章を丸写しすることではない」とほぼ同じことを指します。そして，これは大事なことなのですが，作文と同様に，勉強のためにプログラムをコピーすることは実はよくあることです。初心者用のプログラミングの教科書では，説明されているプログラムコードを実際に入力して動かしてみることがよく求められます。

さらにいえば，現場のプログラミングにおいても，ライブラリやパッケージなどをもってくることは，ある意味でプログラムをコピーしていることになります。

古来，学ぶことは真似ること，盗むことだという伝統があります。学ぶという作業の中にコピーすることが含まれます。

大事なことは，学んで，その技術や知識を自分の身につけるには，自分なりに理解し，考えてやっていく必要があることです。

そのために，あえて「プログラムをコピーすることはプログラミングではない」と書きました。

ムでプログラミングをする場合が多く，1人でプログラムを作る場合でも，関連する情報やプログラムを使う場合の問題点など，コミュニケーションが必要であったり，役だったりします。実際に，ソフトウェア開発企業では，コミュニケーション能力の方を，プログラミング能力そのものよりも高く評価することがあります。

32.2 プログラミングをする言語やシステムについて

- プログラミング言語やプログラミングシステムには，それぞれの決まりごと，規則がある。できることやできないことがそれぞれ決まっている。
- プログラミング言語やプログラミングシステムには，作成した人の癖のようなものがある。
- プログラミングの基本要素がどのように働くかは，実際に試して確認した方がよい。
- これからのプログラミングでは，並列に実行する仕組みとその制御が重要になる。
- コンピュータで，色や図形，音楽演奏などを行うことができる。
- コンピュータでロボットを動かすことができる。ロボットはコンピュータで動いている。

プログラムについて

- コンピュータはプログラムによって動く。
- プログラムの抽象的な働きを表すものとしてアルゴリズムがある。
- プログラムには，振る舞いを表すコードと，そのコードの結果を表すデータがある。
- プログラムの制御には，繰り返しと条件分岐がある。
- プログラムのコードをまとめて定義する仕組み（Scratch のブロックのようなもの）がある。
- 自分自身を呼び出す再帰構造がある。
- プログラムでは数や文字を含めてさまざまなデータを扱える。
- （Scratch のリストのように）データを並べてまとめる機能がある。
- （Scratch のイベントのように）ある事象に対応した処理を記述するイベントプログラミングという方式がある。
- プログラムには，始まりと終わりがある。
- プログラムがきちんと動くかどうか，プログラムをテストして確かめる必要がある。

32.4 プログラミングを通して学んで欲しいこと

　lesson 2.3 で「プログラミング」の説明をしました。ここまで読んでこられて，プログラミングとはどういうものか，だいたいわかったのではないかと思います。念のために，どのようなことかという項目を並べてみます。

- うまくいかないこと，というのは学びのよい機会だということ。うまくいかないことをひたすら避けようとするのではなく，うまくいかないことにも対処できるようにすること。
- 多くのものごとで，やり直しは可能で，効果的だということ。ただし，やり直してうまくいくためには，やり直しのやり方をきちんと考える必要があること。
- コンピュータは，言われたことを忠実に実行するということ。正しい命令を正確に伝えることは，かなり難しいということ。命令が正しい結果を生み出すには，命令の仕方，命令の内容を前もって，きちんと整えねばならないこと。
- 命令の実行方法は，それぞれのオブジェクト（スプライト，背景など）によって違うこと。オブジェクトの中がどうなっているかをきちんと理解してから，そのオブジェクトに命令を出すこと。
- 他の人が何をしているかを知ることが，自分のやることにとても役立つこと。

- 自分のしていることを他の人に説明すると，特にうまくいかなくて困っている場合には，何とかする方法を見つけるための手掛かりが得られることが多いこと。

子どもたちが，プログラミングを学ぶことによって，コンピュータやコンピュータシステムを将来，自分たちで制御できるようになるという感覚，自信をぜひ身につけてほしいと思います。

「コンピュータでやっているので，そういうことはできません」，「コンピュータでこういう結果になっているので，従ってください」などという説明をたまに耳にすることがあります。コンピュータは，あくまでも道具で，その道具を動かすのはプログラム，プログラムを書くのは人間です。責任をコンピュータにとらせるのは間違っています。

コンピュータも含めて，人間が作り，人間が制御する道具が，生身の人間ではできないことを実行できるという事例は数が多すぎてきりがありません（たとえば飛行機）。

現在，AI やビッグデータのもつ可能性と影響が大きな話題になっていますが，そのような技術の基本にはプログラミングがあります。ビジュアルプログラミングは，AI やデータサイエンスでのプログラミングに直接つながるわけではありませんが，そういったものへの感覚が養われるはずです。

この後のプログラミングの学び方

　最後に，ビジュアルプログラミングができるようになったら，その先のプログラミングを子どもたちがどう学ぶかについて述べます。

　プログラミングという活動は非常に幅が広く，さまざまな要素があります。したがって，ビジュアルプログラミングをひと通り学んで身につけたあと，次にどうするかということについても，下図に示すように非常に幅広い選択肢があります。

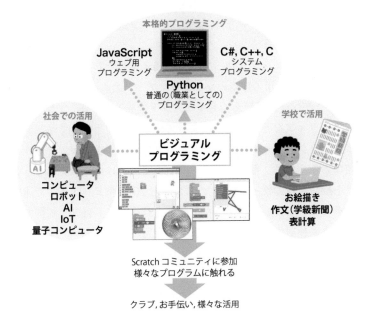

　いかにもありそうな選択肢は，本格的なプログラミングを学ぶというものです。たとえば，Python というプログラミング言語などは，子どもでも学びやすく，それでいて AI や金融工学など広範囲の実用処理にも使われているのでよい候補でしょう。

　たとえば，キャロル・ヴォーダマンの『10才からはじめるプログラミング図鑑──たのしくまなぶスクラッチ＆Python 超入門』（創元社，2015）という本では，Scratch を学んだ後に，Python を続けて学ぶようになっています。Python では小中学生向けの入門書も出されています。

　本格的なプログラミングを新たに覚えるよりも，身につけたビジュアルプログラミング（Scratch なら Scratch）を使って，もっといろいろなプログラミン

グを楽しむという選択肢もあります。

　Scratch に関しては，そのようなコミュニティがたくさんあります。

　インターネットに接続している環境があるなら，https://scratch.mit.edu/という Scratch の開発とコミュニティ管理を行っているサイトから，この世界的なコミュニティに参加できます。

　そうすれば，膨大な数の Scratch で書かれたプログラムにアクセスできますし，自分のプログラムを保存したり，他の人に公開して意見を聞いたり，いろいろなことができます。「lesson 10 セキュリティ」で述べた基本的な注意は必要ですが，世界中の人々と一緒にプログラミングを楽しむことができます。

　あるいは，CoderDojo Japan（https://coderdojo.jp/）という子どものためのプログラミングの組織の活動に参加してみるのも面白いでしょう。自宅から，そう離れていない地域で活動している人たちがいるはずです。

　プログラミングよりも，コンピュータのことをもっと勉強したいという子どももいるかもしれません。あるいは，コンピュータを自作したいという子どももいるかもしれません。子ども用の本もありますし，最近ではコンピュータのことを教える塾もでてきています。学校のクラブ活動として，コンピュータを扱うところもあるでしょう。

　あるいは，コンピュータを使って，お絵描きをしたり，文章を作ったりするということも，子ども用の専用のソフトウェアや，大人が使っている Microsoft Office，ブラウザベースで使えるドキュメント作成，表計算，プレゼンテーション作成ソフトウェアなどが，場合によっては無料で使用できます。

　コンピュータゲームやチャットなどを見ればわかりますが，昔も今も子どもたちは遊びの天才です。ただし，ゲームやチャットには，麻薬的なところがあり，ネット接続環境で使っていると，「lesson 10 セキュリティ」で述べたような危険も潜んでいます。そのような危険性を認識して，自分で制御できるような状態かどうか検討する必要があります。

　もちろん，プログラミングはもういいから，他の勉強や遊びをするという選択肢もあります。子どもたちの生きる力は，さまざまな形で育まれます。プログラミングはその中の一要素にすぎません。他にも重要な体験はいっぱいあると思います。そういう体験の中で，プログラミングが役に立つ場面もきっとあることでしょう。

　プログラミングについて学んだ体験が，何かしら役立てば，それにまさる喜びはありません。

索　　引

著者略歴

くろかわとしあき
黒川利明

1948 年　大阪府に生まれる
1972 年　東京大学教養学部基礎科学科卒業
　　　　　東芝(株)，新世代コンピュータ技術開発機構，日本 IBM(株)，(株)CSK
　　　　　(現 SCSK(株))，金沢工業大学を経て
現　在　デザイン思考教育研究所主宰
　　　　　IEEE SOFTWARE Advisory Board メンバー
　　　　　2015 年より町田市介護予防サポーター，高齢者を中心とした「次世代サ
　　　　　ポーター」グループで地域の小学生の教育支援に取り組む
[翻訳書]『事例とベストプラクティス Python 機械学習―基本実装と scikit-learn/
TensorFlow/PySpark 活用』『pandas クックブック― Python によるデータ処理
のレシピ』(朝倉書店)，『Effective Python 第 2 版― Python プログラムを改良す
る 90 項目』『問題解決の Python プログラミング―数学パズルで鍛えるアルゴリ
ズム的思考』『データサイエンスのための統計学入門―予測，分類，統計モデリ
ング，統計的機械学習と R プログラミング』『R ではじめるデータサイエンス』
『Effective Debugging ―ソフトウェアとシステムをデバッグする 66 項目』
『Optimized C++ ―最適化，高速化のためのプログラミングテクニック』『Python
によるファイナンス 第 2 版』(オライリー・ジャパン) など多数

Scratch で学ぶビジュアルプログラミング
―教えられる大人になる―　　　　　　　　　　　　　定価はカバーに表示

2020 年 9 月 1 日　初版第 1 刷

著　者　黒　川　利　明

発行者　朝　倉　誠　造

発行所　株式会社　朝　倉　書　店

東京都新宿区新小川町 6-29
郵便番号　１６２−８７０７
電話　03（3260）0141
FAX　03（3260）0180
http://www.asakura.co.jp

〈検印省略〉

© 2020 〈無断複写・転載を禁ず〉　　印刷・製本　ウイル・コーポレーション

ISBN 978-4-254-12257-2　C 3004　　　　　　　　Printed in Japan

P.グナディグ他著　成蹊大 伊藤郁夫監訳	好評の『楽しめる物理問題200選』に続編登場！日常的な物理現象からSF的な架空の設定まで，国際物理オリンピックレベルの良問に挑戦。1巻は力学分野中心の100問。熱・電磁気中心の2巻も同時刊行。
もっと楽しめる　物理問題200選 PartI —力と運動の100問—	
13130-7　C3042　　　　A 5 判　244頁　本体3600円	
P.グナディグ他著　成蹊大 伊藤郁夫監訳	好評の『楽しめる物理問題200選』に続編登場！2巻では熱・電磁気分野を中心とする100の良問を揃える。日常の不思議から仮想空間まで，物理学を駆使した謎解きに挑戦。力学分野中心の1巻も同時刊行。
もっと楽しめる　物理問題200選 PartII —熱・光・電磁気の100問—	
13131-4　C3042　　　　A 5 判　240頁　本体3600円	

◈ 国際化学オリンピックに挑戦！〈全5巻〉 ◈

監修 日本化学会 化学オリンピック支援委員会／化学グランプリ・オリンピック委員会オリンピック小委員会

国際化学オリンピックOBOG会編	大会のしくみや世界標準の化学と日本の教育課程との違い，実際に出題された問題を解くにあたって必要な基礎知識を解説。〔内容〕参加者の仕事／出題範囲／日本の指導要領との対比／実際の問題に挑戦するために必要な化学の知識／他
国際化学オリンピックに挑戦！1 —基礎—	
14681-3　C3343　　　　A 5 判　160頁　本体2600円	
国際化学オリンピックOBOG会編	実際の大会で出題された問題を例に，世界標準の無機化学を高校生に向け解説。〔内容〕物質の構造（原子，分子，結晶）／無機化合物の反応（酸化と還元，組成計算，錯体他）／物質の量の分析（酸解離平衡，滴定，吸光分析他）／総合問題
国際化学オリンピックに挑戦！2 —無機化学・分析化学—	
14682-0　C3343　　　　A 5 判　160頁　本体2600円	
国際化学オリンピックOBOG会編	実際の大会で出題された問題を例に，世界標準の物理化学を高校生に向け解説。〔内容〕熱力学（エントロピー，ギブス自由エネルギー他）／反応速度論（活性化エネルギー，半減期他）／量子化学（シュレディンガー方程式他）／総合問題
国際化学オリンピックに挑戦！3 —物理化学—	
14683-7　C3343　　　　A 5 判　160頁　本体2600円	
国際化学オリンピックOBOG会編	実際の大会で出題された問題を例に，世界標準の有機化学を高校生に向け解説。〔内容〕有機化学とは／有機化合物（構造式の描き方，官能基，立体化学他）／有機反応（置換，付加，脱離他）／構造解析（IR，NMRスペクトル）／総合問題
国際化学オリンピックに挑戦！4 —有機化学—	
14684-4　C3343　　　　A 5 判　168頁　本体2600円	
国際化学オリンピックOBOG会編	総合問題を解説するほか，本大会の実験試験を例に，実践に生かせるスキルを紹介。〔内容〕総合問題（生化学，高分子）／実験試験の概要（試験の流れ，計画の立て方他）／実際の試験（定性分析，合成分離，滴定他）／OBOGからのメッセージ
国際化学オリンピックに挑戦！5 —実験—	
14685-1　C3343　　　　A 5 判　192頁　本体2600円	

◈ 数学オリンピックへの道〈全3巻〉 ◈

国際数学オリンピックを目指す方々へ贈る精選問題集

T.アンドレースク・Z.フェン著 前女女大 小林一章・前早大 鈴木晋一監訳 数学オリンピックへの道1	国際数学オリンピック・アメリカ代表チームの訓練や選抜で使われた問題から選り抜かれた102問を収めた精選問題集。難問奇問の寄せ集めではなく，これらを解いていくことで組合せ論のコツや技術が身につけられる構成となっている。
組 合 せ 論 の 精 選 102 問	
11807-0　C3341　　　　A 5 判　160頁　本体2800円	
T.アンドレースク・Z.フェン著 前女女大 小林一章・前早大 鈴木晋一監訳 数学オリンピックへの道2	国際数学オリンピック・アメリカ代表チームの訓練や選抜で使われた問題から選り抜かれた103問を収めた三角法の精選問題集。三角法に関する技能や技術を徐々に作り上げてゆくことができる。第1章には三角法に関する基本事項をまとめた。
三 角 法 の 精 選 103 問	
11808-7　C3341　　　　A 5 判　240頁　本体3400円	
T.アンドレースク・D.アンドリカ・Z.フェン著 前東女大 小林一章・前早大 鈴木晋一監訳 数学オリンピックへの道3	国際数学オリンピック・アメリカ代表チームの訓練や選抜で使われた問題から選り抜かれた104問を収めた数論の精選問題集。数論に関する技能や技術を徐々に作り上げてゆくことができる。第1章には数論に関する基本事項をまとめた。
数 論 の 精 選 104 問	
11809-4　C3341　　　　A 5 判　232頁　本体3400円	

上記価格（税別）は 2020 年 7 月現在